KÖNIGS ERLÄUTERUNGEN

Band 5

Textanalyse und Interpretation zu

Friedrich Schiller

MARIA STUART

Volker Krischel

Alle erforderlichen Infos für Abitur, Matura, Klausur und Referat
plus Musteraufgaben mit Lösungsansätzen

Bange Verlag

Zitierte Ausgaben:
Schiller, Friedrich von: *Maria Stuart. Ein Trauerspiel.* Husum/Nordsee: Hamburger Lesehefte Verlag 2011 (Hamburger Leseheft Nr. 12, Heftbearbeitung F. Bruckner und K. Sternelle)
Schiller, Friedrich: *Maria Stuart. Ein Trauerspiel.* Mit Anmerkungen von Christian Grawe. Stuttgart: Philipp Reclam jun., durchgesehene Ausgabe 2001 (Reclams Universal-Bibliothek Nr. 64)

Über den Autor dieser Erläuterung:
Volker Krischel, geboren 1954, arbeitete nach dem Studium der Germanistik, Geschichte, katholischen Theologie, Erziehungswissenschaften, klassischen Archäologie, Kunstgeschichte und Geografie mehrere Jahre als wissenschaftlicher Mitarbeiter – besonders im Bereich der Museumspädagogik – am Württembergischen Landesmuseum Stuttgart. Heute ist er als Oberstudienrat in Gerolstein (Eifel) tätig.

6. Auflage 2020
ISBN: 978-3-8044-1972-8
PDF: 978-3-8044-5972-4, EPUB: 978-3-8044-6972-3

Titelbild: Inszenierung *Maria Stuart* am Staatstheater Stuttgart

Druck und Weiterverarbeitung: Tiskárna Akcent, Vimperk

1. DAS WICHTIGSTE AUF EINEN BLICK – SCHNELLÜBERSICHT

Damit sich der Leser in diesem Band schnell zurechtfindet und das für ihn Interessante gleich entdeckt, hier eine kurze Übersicht.

⇨ S. 15 ff.

Das 2. Kapitel beschreibt Schillers Leben und stellt den zeitgeschichtlichen Hintergrund des Stücks vor:

- Friedrich Schiller lebte von 1759 bis 1805. In seinen frühen Werken war er ein impulsiver Vertreter des literarischen Sturm und Drang. 1799 zog er nach Weimar, der damaligen „Kulturhauptstadt" Deutschlands, und wurde dort mit Goethe zum wichtigsten Vertreter der Weimarer Klassik.
- In *Maria Stuart* stellt Schiller u. a. die Frage nach persönlicher Verantwortung und Schuld sowie der Entwicklung und Bewahrung geistiger Freiheit.
- *Maria Stuart* wurde 1800 uraufgeführt und gehört zu Schillers klassischen Historiendramen.

⇨ S. 27 ff.

Im 3. Kapitel geht es um eine Textanalyse und -interpretation.

Maria Stuart – Entstehung und Quellen:

Schiller greift bei seinem Stück auf den historischen Konflikt zwischen der schottischen Königin Maria Stuart und der englischen Königin Elisabeth I. zurück. *Maria Stuart* entstand 1799/1800. Erste Pläne gab es bereits 1783.

Inhalt:

⇨ S. 30 ff.

In *Maria Stuart* schildert Schiller den Zwist zwischen der englischen Königin Elisabeth I. und der von ihr inhaftierten schottischen Königin Maria Stuart. Elisabeth bleibt zwar politische Siegerin, aber Maria kann den moralischen Sieg erringen.

Chronologie und Schauplätze:

Das Stück schildert die letzten drei Tage vor der Hinrichtung Maria Stuarts. Es spielt abwechselnd in Schloss Fotheringhay, dem Gefängnis Maria Stuarts, und dem Palast zu Westminster, der Residenz Elisabeths I.

Personen:

Die Hauptpersonen sind

⇨ S. 53 ff.

Maria Stuart:
→ impulsiv
→ verführerisch
→ geläutert

Elisabeth I.:
→ eifersüchtig
→ unsicher
→ skrupellos

Graf von Leicester:
→ berechnend
→ feige
→ egoistisch

Mortimer:
→ fanatisch
→ schwärmerisch
→ unbeherrscht

Graf von Shrewsbury:
→ rechtschaffen
→ gerecht
→ konsequent

Baron von Burleigh:
→ gefühlskalt
→ Vertreter der Staatsräson
→ skrupellos

Hanna Kennedy:
→ treu
→ verlässlich
→ wohlwollend

Melvil:
→ treu
→ zuverlässig
→ mutig

Stil und Sprache in *Maria Stuart*:

⇨ S. 71 ff.

Schiller beabsichtigt durch seine nicht individualisierende, gebundene Sprache und durch die Verwendung rhetorischer Figuren eine Re-Intellektualisierung der Zuschauer.

Interpretationsansätze:

⇨ S. 76 ff.

Maria Stuart als
→ Märtyrerdrama;
→ patriarchalisches Stück;
→ politisches Drama;
→ psychologische Studie;
→ klassisches Ideendrama.

2. FRIEDRICH SCHILLER: LEBEN UND WERK

Friedrich Schiller (1759–1805)

2.1 Biografie

JAHR	ORT	EREIGNIS	ALTER
1759	Marbach am Neckar	Am 10. November wird Johann Christoph Friedrich Schiller geboren. Eltern sind der Leutnant Caspar Schiller (1723–1796) und seine Frau Elisabeth Dorothea, geborene Kodweiß (1732–1802).	
1764	Lorch	Übersiedlung der Familie nach Lorch; Besuch der Lorcher Dorfschule; Lateinunterricht bei Pfarrer Moser.	5
1766	Ludwigsburg	Rückversetzung des Vaters in die Garnison nach Ludwigsburg.	7
1767	Ludwigsburg	Schiller besucht die dortige Lateinschule mit dem Ziel, Geistlicher zu werden.	8
1773	Solitude bei Stuttgart	Auf dreifache Aufforderung des Herzogs Karl Eugen von Württemberg tritt Schiller in die „Militärpflanzschule" auf der Solitude ein. Die Schule wird im gleichen Jahr zur Herzoglichen Militärakademie erhoben.	14
1774		Beginn des Jurastudiums	15
1775	Stuttgart	Verlegung der Militärakademie als „Hohe Karlsschule" nach Stuttgart; Wechsel vom ungeliebten Jurastudium zum Medizinstudium; Lektüre von Schubarts Erzählung *Zur Geschichte des menschlichen Herzens*, hierdurch möglicherweise erste Anregung zu den *Räubern*.	16

JAHR	ORT	EREIGNIS	ALTER
1776		Beginn des Philosophiestudiums bei Professor Abel; durch ihn erste Berührung mit dem Werk Shakespeares. Veröffentlichung des Gedichts *Der Abend* im „Schwäbischen Magazin". Schiller vernichtet sein Drama *Cosmus von Medicis* nach dem Abschluss.	17
1779		Ablehnung seiner medizinischen Dissertation *Philosophie der Physiologie*. Schiller muss noch ein weiteres Jahr auf der Militärakademie bleiben. Herzog Karl August von Sachsen-Weimar besucht in Begleitung Goethes die Militärakademie; Teilnahme an der Preisverleihung.	20
1780		Schiller hält die Festrede anlässlich des Geburtstags der Mätresse des Herzogs Karl Eugen, Reichsgräfin Franziska von Hohenheim, mit dem Titel *Die Tugend in ihren Folgen betrachtet*. Franziska dient Schiller als Vorbild für die Figur der Lady Milford in *Kabale und Liebe*. Vorlegung seiner neuen Dissertation *Über den Zusammenhang der tierischen Natur des Menschen mit seiner geistigen.* Entlassung aus der Militärakademie als Militärarzt. Anstellung als Regimentsmedikus des Grenadierregiments Augé in Stuttgart.	21
1781		Das Stück *Die Räuber* erscheint anonym mit fingiertem Druckort.	22
1782		Erfolgreiche Uraufführung der *Räuber* am Nationaltheater in Mannheim. Schiller besucht die Aufführung ohne Urlaubsbewilligung. Als der Herzog davon erfährt, erhält Schiller 14 Tage Arrest und das Verbot der schriftstellerischen Tätigkeit. Beschäftigung mit dem Stoff zu *Luise Millerin*.	23

JAHR	ORT	EREIGNIS	ALTER
	Flucht aus Württemberg	Schiller nutzt das Fest, das für den russischen Zaren, Großfürst Paul von Russland, anlässlich von dessen Teilnahme an einer Jagd gegeben wird, um mithilfe seines Freundes, des Musikers Andreas Streicher, nach Mannheim zu fliehen. Fortsetzung der Flucht über Darmstadt, Frankfurt nach Oggersheim und schließlich nach Bauerbach in Thüringen. Schillers Stück *Die Verschwörung des Fiesco zu Genua* wird vom Mannheimer Nationaltheater abgelehnt. In Bauerbach lebt Schiller ein Jahr lang als Dr. Ritter auf dem Gut der Frau von Wolzogen.	
1783	Bonn Mannheim	Uraufführung des *Fiesco* in Bonn; Anstellung als Theaterdichter beim Mannheimer Theater.	24
1784	Frankfurt a. M. Mannheim	Uraufführung von *Luise Millerin* unter dem von Iffland vorgeschlagenen Titel *Kabale und Liebe*; Beginn von Schillers gesundheitlichen Problemen. Er erkrankt schwer an Malaria. Antrittsrede in der „Deutschen Gesellschaft" unter dem Titel *Vom Wirken der Schaubühne auf das Volk*, später *Die Schaubühne als eine moralische Anstalt betrachtet*.	25
1785	Gohlis, Loschwitz, Dresden	Übersiedlung nach Gohlis, zusammen mit dem neuen Leipziger Freundeskreis; erste Begegnung mit Körner. Arbeit an *Don Karlos*; gemeinsame Wohnung mit Körner in Loschwitz; Übersiedlung nach Dresden; Entstehung von *An die Freude* und der Erzählung *Der Verbrecher aus verlorener Ehre*.	26

JAHR	ORT	EREIGNIS	ALTER
1787	Dresden, Weimar, Rudolstadt	Uraufführung von *Don Karlos* in Hamburg; Beginn des Romans *Der Geisterseher*; Reise nach Weimar, dort u. a. Begegnung mit Wieland und Herder; Fertigstellung des *Abfalls der vereinigten Niederlande*. In Rudolstadt lernt Schiller die Familie von Lengefeld kennen; besonders die Tochter Charlotte hat es ihm angetan.	28
1788		Beginn des Briefwechsels mit Charlotte von Lengefeld; Besuch Goethes in Rudolstadt; distanzierte Haltung gegenüber Schiller: Er kann mit dem leidenschaftlichen und impulsiven Schiller wenig anfangen.	29
1789	Jena	Auf Vorschlag Goethes erhält Schiller eine Geschichtsprofessur in Jena; Übersiedlung nach Jena. Jetzt hat Schiller die finanziellen Möglichkeiten, eine Familie zu gründen. Er hält um die Hand Charlottes an. Beginn der Freundschaft mit Wilhelm von Humboldt.	30
1790		Herzog Karl August gewährt Schiller ein festes jährliches Gehalt. Der Meininger Hof verleiht Schiller den Titel eines Hofrats. Schiller heiratet Charlotte von Lengefeld. Die ersten beiden Bücher von Schillers *Geschichte des Dreißigjährigen Krieges* erscheinen. Bekanntschaft mit dem in Jena studierenden Novalis; Besuch Goethes in Jena.	31
1791		Ausbruch einer schweren Lungen- und Bauchfellerkrankung, an deren Folgen Schiller für den Rest seines Lebens leidet. Kuraufenthalt in Karlsbad; intensive Beschäftigung mit der Philosophie Kants. Schiller erhält vom dänischen Hof ein jährliches Geschenk von tausend Talern für drei Jahre zugesprochen.	32

JAHR	ORT	EREIGNIS	ALTER
1792		Schiller wird durch die französische Nationalversammlung das französische Bürgerrecht verliehen; Bekanntschaft mit Friedrich Schlegel.	33
1793	Ludwigsburg, Stuttgart	Übersiedlung nach Ludwigsburg; Arbeit an theoretischen Schriften. Tod Herzog Karl Eugens von Württemberg; Besuch in Stuttgart und begeisterter Empfang in der Karlsschule; Bekanntschaft mit Hölderlin; Geburt von Schillers erstem Sohn Karl Friedrich Ludwig; Fortführung der philosophischen und ästhetischen Studien.	34
1794		Bekanntschaft mit Fichte; auf der Tagung der „Naturforschenden Gesellschaft" in Jena Begegnung mit Goethe. Langes Gespräch mit Goethe über die Urpflanze, die Metamorphosenlehre und das Verhältnis von Idee und Erfahrung in den Naturwissenschaften. Beginn des persönlichen Briefwechsels zwischen Goethe und Schiller, aus dem sich eine enge Freundschaft entwickeln wird.	35
1795		Trotz seines schlechten Gesundheitszustandes entstehen zahlreiche Gedichte.	36
1796		In Zusammenarbeit mit Goethe entsteht der *Xenienalmanach* im „Musenalmanach für das Jahr 1797" und erregt ungeheures Aufsehen. Besuch von Schelling und Jean Paul bei Schiller; Tod der Schwester Nanette und des Vaters; Schillers zweiter Sohn Ernst Friedrich Wilhelm wird geboren. Schiller wird zum ordentlichen Honorarprofessor in Jena ernannt; Entstehung mehrerer Balladen; Arbeit am *Wallenstein*; mehrere Treffen mit Goethe.	37

JAHR	ORT	EREIGNIS	ALTER
1799	Weimar	Die Trilogie *Wallensteins Lager, Piccolomini, Wallensteins Tod* wird in Weimar uraufgeführt; Besuch von Ludwig Tieck; *Das Lied von der Glocke* erscheint im „Musenalmanach für das Jahr 1800"; Geburt von Schillers Tochter Caroline Henriette Luise; Umzug nach Weimar.	40
1800	Weimar	Erkrankung Schillers an einem Nervenfieber; Uraufführung von *Maria Stuart* in Weimar; Ausgabe von Schillers *Kleinen prosaischen Schriften*.	41
1801	Leipzig	Uraufführung der *Jungfrau von Orleans* in Leipzig.	42
1802		Schiller erhält vom Wiener Hof den erblichen Adelstitel zugesprochen; Tod der Mutter.	43
1804	Weimar, Berlin	Uraufführung von *Wilhelm Tell* in Weimar; der Erfolg übertrifft den aller bisherigen Dramen Schillers. Reise mit der Familie nach Berlin; dort außerordentliche Ehrungen durch die Öffentlichkeit und das preußische Königshaus. Der Herzog verdoppelt Schillers Gehalt, um ihn in Weimar zu halten. Geburt der jüngsten Tochter Emilie Friederike Henriette; Arbeit am *Demetrius*; Entstehung der *Huldigung der Künste* als Festspiel zur Ankunft der Großfürstin Maria Pawlowna, der Gattin des Erbprinzen Karl Friedrich.	45
1805	Weimar	Schillers Gesundheitszustand verschlechtert sich; er arbeitet weiter am *Demetrius*. Schiller stirbt am 9. Mai und wird im „Landschaftskassengewölbe" auf dem Sankt-Jakobs-Friedhof in Weimar beigesetzt.	46
1827		Überführung von Schillers Leichnam in die Fürstengruft zu Weimar.	

2.2 Zeitgeschichtlicher Hintergrund

ZUSAMMENFASSUNG

- → Schottland wird aufgrund seiner strategischen Lage und seines schwachen Königtums zum Spielball internationaler politischer und religiöser Interessen.
- → Elisabeth I., die voreheliche Tochter Heinrichs VIII., wird englische Königin.
- → Die schottische Königin Maria Stuart wird zur Thronrivalin.

Schottland als Spielball der Mächtigen

England und Schottland im 16. Jahrhundert

In *Maria Stuart* griff Schiller auf ein Kapitel der englischen Geschichte des 16. Jahrhunderts zurück. Seit dem 13. Jahrhundert versuchte England, den kleineren und ärmeren Nachbarn Schottland zu annektieren. Schottland war angeschlagen durch ein schwaches Königshaus, dessen Herrscher aufgrund des frühen Todes ihrer jeweiligen Vorgänger oft schon im Kindesalter gekrönt wurden: Jakob V. (1513–1542) ist achtzehn Monate alt, als sein Vater, Jakob IV., ermordet wird; seine Tochter Maria (1542–1587) ist bei seinem Tod erst fünf Tage alt. Ein weiteres Problem war der starke Adel, der allerdings selbst in unterschiedliche Cliquen gespalten war.

Religiöser Konflikt

So lag die Regierungsmacht oft in den Händen des Adels, der wenig Interesse daran hatte, die Autorität des Königshauses wiederherzustellen. Hinzu kam der religiöse Konflikt, der infolge der durch die Reformation ausgelösten Glaubensspaltung auch Schottland heimsuchte. Der englische König Heinrich VIII. (1509–1547) war ins protestantische Lager gewechselt, indem er sich von der katholischen Kirche losgesagt und sich selbst zum Oberhaupt der anglikanischen Kirche hatte ernennen lassen. Der schottische Adel sympathisierte mit dem Protestantismus, auch um das eigene Königshaus zu schwächen, das auf der katholischen Seite stand. Das geschah wohl nicht nur aus Glaubensüberzeugung, sondern auch deshalb, weil der wichtigste Verbündete gegen England, Frankreich, katholisch war.

Zudem war Schottland aufgrund seiner geografischen Lage für die katholischen Kontinentalmächte Frankreich und Spanien als Einfallstor ins feindliche England strategisch interessant. So war Schottland im hegemonialen Streit der Großmächte zwar als Verbündeter begehrt, wurde aber aufgrund seiner politischen Schwäche zum Spielball der ausländischen Interessen. Als Schottland 1560 den Calvinismus zur Staatsreligion erklärte, bedeutete das einen schweren Rückschlag für die katholische Seite, hatte diese doch gehofft, von Schottland aus die Rekatholisierung Englands vorantreiben zu können.

Elisabeth I. von England und Maria Stuart

Als König Heinrich VIII. 1547 starb, wurde sein neunjähriger Sohn Edward VI. zum König gekrönt. Dem schwächlichen Jungen folgte nach nur sechs Jahren seine Schwester Maria I. Die katholische Maria versucht gewaltsam, England zu rekatholisieren, was ihr den Titel „Bloody Mary" einbrachte. Nach ihrem Tod bestieg die erst 25-jährige Elisabeth I. den englischen Thron.

Herkunft Elisabeths I.

Elisabeth war die voreheliche Tochter Heinrichs VIII. mit Anne Boleyn. Ihre Mutter war der Grund für den Bruch Heinrichs VIII. mit dem Papst und der katholischen Kirche, weil Papst Clemens VII. sich geweigert hatte, Heinrich VIII. von seiner bisherigen Frau Katharina von Aragon zu scheiden. Da Anne Boleyn Heinrich keine Söhne gebären konnte, fiel auch sie bei ihm bald in Ungnade. Er ließ sie wegen Ehebruchs zum Tod verurteilen und hinrichten, seine

Ehe nachträglich für ungültig, seine Tochter Elisabeth für illegitim und damit von der Thronfolge ausgeschlossen erklären. Später hob das Parlament diesen Beschluss allerdings auf. Heinrichs Entscheidung, dass kein ausländisches Mitglied der Familie Tudor den englischen Thron besteigen dürfe, blieb jedoch bestehen. So konnte Elisabeth I. zwar den englischen Thron besteigen, für die katholischen Mächte galt sie jedoch als Kind einer illegitimen Beziehung und als lebende Erinnerung des Bruchs Englands mit dem Papst und der katholischen Kirche.

König Heinrich II. von Frankreich erklärte sofort nach Elisabeths Thronbesteigung die neue Königin zur Usurpatorin und ließ die Königin von Schottland, Maria Stuart, die Frau seines Sohnes Franz, zur Königin von England proklamieren.

Geschickte Politik Elisabeths I.

Durch eine kluge Politik gelang es Elisabeth I., den Religionskonflikt in ihrem Land zu entschärfen. Sie kehrte zwar wieder zum anglikanischen Glauben zurück, aber ihre pragmatische Haltung in religiösen Fragen verhinderte eine Eskalation mit den katholischen Kräften. Das brachte ihr allerdings die Kritik der fundamentalistischen protestantischen Gruppen ein. Es gab immer wieder kleinere Unruhen, doch Elisabeth gelang es, die Ruhe in ihrem Land weitgehend herzustellen. So konnte sie den Konflikt mit Frankreich beenden und auch Spanien zunächst beruhigen. Allerdings wusste Elisabeth auch, dass sie ihre Schritte sehr vorsichtig unternehmen musste, galt sie doch für viele als illegitime Tochter Heinrichs VIII.; ihr Anspruch auf die englische Krone war selbst im eigenen Land nicht ganz unumstritten.

Herkunft Maria Stuarts

Im Gegensatz zu Elisabeth war die Abstammung Maria Stuarts makellos. Sie war die legitime Tochter des schottischen Königs Jakob V. und seiner Frau Marie de Guise, damit Enkelin der Schwester Heinrichs VIII. von England. Schon mit fünf Tagen wurde sie nach dem Tod ihres Vaters zur Königin von Schottland gekrönt; allerdings übernahm ihre Mutter die Regentschaft. Maria geriet schon bald in das Ränkespiel der Großmächte. So wurde sie bereits mit sechs Jahren zur Erziehung nach Frankreich gebracht, einmal wohl als „Preis"[1] für die Unterstützung Schottlands durch Frankreich im Kampf gegen England, aber auch, um Maria dem möglichen Einfluss des englischen Königs zu entziehen – Heinrich VIII. wollte, dass sie in England erzogen wird und später seinen Sohn heiratet. In Frankreich wurde sie katholisch erzogen und mit dem französischen Thronfolger verlobt, den sie 1560 heiratete. Als der französische König Heinrich II. 1559 an einer im Turnier erhaltenen Verwundung überraschend starb, wurde Marias Mann, erst 15-jährig, als Franz II. König von Frankreich.

Maria Stuart: Königin von Frankreich und Schottland

Maria Stuart war somit Königin von Frankreich und Schottland. Unter französischem Druck erhob sie als Enkelin der Schwester Heinrichs VIII. zudem Anspruch auf den englischen Thron. Maria und ihr Mann verweigerten daher ihre Unterschrift unter den Vertrag von Edinburgh, in dem Schottland 1560 Elisabeth I. als englische Königin anerkannte und somit den Bürgerkrieg beendete. Maria wurde zu einer ernsten Bedrohung für Elisabeth, besonders auch deshalb, weil die Thronansprüche Marias von den katholischen Mächten Spanien und Frankreich sowie vom Papst unterstützt wurden.

Verlust des Thronanspruchs

1560 starb Franz II. Maria wurde mit 17 Jahren Witwe und verlor somit automatisch den Anspruch auf den französischen Thron. Neuer französischer König wurde als Karl IX., Franz' jüngerer Bruder. 1561 kehrte Maria nach Schottland zurück. Hier gelang es ihr zunächst, mithilfe ihres protestantischen Halbbruders James Stewart, Earl of Moray, eine recht kluge Politik zu betreiben. Als sie jedoch 1565 ihren katholischen Vetter Henry Stuart, Lord Darnley,

1 Reinhard Leipert: *Friedrich Schiller: Maria Stuart*, S. 23.

heiratete, sagte sich James Stuart von Maria los und wechselte ins protestantische Lager.

Wachsende Probleme

Was für Maria zunächst, neben den politischen Motiven, eine Liebesheirat war, entpuppte sich für sie schnell – sowohl privat wie politisch – als Katastrophe. Dem leichtlebigen, wankelmütigen und unzuverlässigen Henry gelang es innerhalb kurzer Zeit, sich durch ständig wechselnde Allianzen politisch total zu isolieren. Privat kein Kind von Traurigkeit, trug er auch hier nicht wenig zum Scheitern seiner Ehe bei. Höhepunkt war 1566, in Anwesenheit der schwangeren Maria, die Ermordung ihres Privatsekretärs David Riccio, mit dem sie angeblich ein Verhältnis hatte.

Henry wurde 1567 ermordet. Der Verdacht fiel auf James Hepburn, Earl of Bothwell, einen Günstling Marias, der aber auch Führer der antienglischen Fraktion unter den schottischen Adligen war. 1565 hatte er Maria geholfen, einen Aufstand schottischer Adliger unter Führung ihres Halbbruders niederzuschlagen. Er war von ihr daraufhin in den Kronrat berufen worden. Maria zwang James Hepburn, sich vor dem Parlament zu verantworten. Da der Ankläger, der Vater Henrys, jedoch nicht erschien, wurde James freigesprochen.

Skandal durch erneute Heirat

1567 entführte James die Königin, wohl um sie vor den zu erwartenden Unruhen in Edinburgh zu schützen, auf seine Stammburg. Was hier geschah, ist unbekannt, aber als Maria James kurz darauf heiratet, bewirkt das einen öffentlichen Skandal. Dass Maria gerade drei Monate nach dem Tod ihres Mannes den vermeintlichen Mörder, der sich gerade in einem umstrittenen Eilverfahren hatte scheiden lassen, ehelicht, wurde von ihren politischen Gegnern zu Marias Ungunsten ausgeschlachtet. Die berüchtigten „Kassettenbriefe“, die kurz nach Marias Flucht nach England auftauchten und ihre Ehe mit James als „skrupellose Liebesaffäre“[2] diffamieren so-

---

2 Christian Grawe: *Friedrich Schiller: Maria Stuart*, S. 64.

wie Marias Beteiligung an der Ermordung ihres Mannes behaupten, dürften zu diesen Mitteln zu zählen sein. Ihre Echtheit wird heute stark angezweifelt. Im Prozess gegen Maria dienten sie jedoch als belastendes Beweismittel gegen sie. Dadurch, dass Maria und James ihre Ehe dann auch noch nach protestantischer Liturgie schlossen, verscherzte sich Maria zudem die bisherige Gunst des Papstes und der katholischen europäischen Mächte[3].

Erzwungene Abdankung und Flucht nach England

Die negative Stimmung gegen Maria Stuart und ihren Mann nutzten die schottischen Adligen unter James Stewart zu einem Aufstand, der mit der erzwungenen Abdankung Marias zugunsten ihres erst einjährigen Sohnes Jakob und der Flucht James Hepburns endete. Maria gelang zwar die Flucht aus Loch Leven Castle, wo sie von den siegreichen Adligen festgehalten wurde, aber in der Schlacht von Langside wurde sie von der Adelspartei vernichtend geschlagen. Daraufhin floh Maria nach England, um hier bei Elisabeth Hilfe für die Rückgewinnung ihres Thrones zu erbitten.

Marias Flucht nach England brachte Elisabeth I. in eine höchst unangenehme Situation: Einerseits favorisierte sie den Aufstand des protestantischen Adels unter James Stewart, andererseits war Maria die rechtmäßige schottische Königin. Allerdings bedeutete Maria mit ihrem Anspruch auf den englischen Thron eine ständige Bedrohung für Elisabeth. In dieser Situation spielte Elisabeth auf Zeit. Sie ließ Maria festsetzen. Maria blieb jedoch eine Gefahr für sie. Immer wieder kam es zu Befreiungsversuchen. Der vielleicht bekannteste ist der misslungene Versuch des (protestantischen) Anführers der katholischen Adligen im Norden Englands, Thomas Howard, Duke of Norfolk, des höchsten Adligen Englands, der Maria sogar heiraten wollte.

---

3 Wie unterschiedlich Maria Stuart heute noch beurteilt wird, sieht man sehr schön bei einem Vergleich der Darstellung Maria Stuarts bei Heinz Höpfl: *Kleine Geschichte Englands*, S. 46–49, und dem Wikipedia-Artikel über James Hepburn, Earl of Bothwell (Stand August 2011).

Hinrichtung Maria Stuarts im Jahr 1587

1585, nach der Ermordung Wilhelm von Oraniens durch einen katholischen Fanatiker, wurde in England der „Act for the Queen's Safety" verabschiedet. Dieses eindeutig gegen Maria gerichtete Gesetz stellte nicht nur denjenigen unter Strafe, der versuchte, die Königin zu töten, sondern auch denjenigen, zu dessen Gunsten dies geschah. Als 1586 die Verschwörung Sir Antony Babingtons zur Befreiung Marias aufgedeckt wurde, fand das Gesetz auch Anwendung auf Maria Stuart. Sie wurde vor Gericht gestellt und am 25. Oktober 1586 zum Tod verurteilt. Zunächst zögerte Elisabeth, wohl primär aus außenpolitischen Gründen, das Urteil vollstrecken zu lassen. Aber am 8. Februar 1587 wurde Maria Stuart nach über 19-jähriger Gefangenschaft geköpft. Erstmals wurde damit eine gesalbte Königin hingerichtet.

2.3 Angaben und Erläuterungen zu wesentlichen Werken

ab 1782	1782–1787	1789	1790–1796	1797	1798–1804
Beginn der schriftstellerischen Arbeit	Sturm-und-Drang-Dramen	Geschichtsprofessur	philosophisch-ästhetische Schriften	Balladenjahr	Dramen der Weimarer Klassik

Maria Stuart zählt zu Schillers Meisterwerken. Neben formaler Meisterschaft versucht Schiller hier, auch seine moralästhetischen Vorstellungen literarisch umzusetzen.

Berühmt ist Friedrich Schiller vor allem durch seine dramatischen Werke. Seine 1797 angelegte Liste, nach der er 32 Dramenprojekte realisieren wollte, konnte er allerdings nur zum Bruchteil verwirklichen.

Schiller als Erzähler

Als Erzähler verfasste er mit *Der Verbrecher aus verlorener Ehre* (1786) die erste bedeutende Kriminalgeschichte der deutschen Literatur; sein unvollendeter Roman *Der Geisterseher* (1789) hatte große Wirkung auf die Schauerliteratur der Romantik.

Schiller als Historiker

Daneben publizierte Schiller eine dreibändige *Geschichte des dreißigjährigen Krieges* (1790, 1792) und eine Arbeit über den *Abfall der vereinigten Niederlande* (1787).

Schiller als Lyriker

Außer als Verfasser von philosophischen und ästhetischen Schriften tat sich Schiller auch als Lyriker hervor. Neben seinen weniger bekannten philosophischen Gedichten sowie seiner Jugend- und Gelegenheitsdichtung erwies er sich als Meister der Gedankenlyrik und besonders als großer Balladendichter. Seine Ode *An die Freude* (1786) wurde von Beethoven in seiner Neunten Symphonie vertont. Die Ballade *Das Lied von der Glocke* (1799) galt bis ins

Schillers Arbeit als Geschichtsprofessor: Sinn für historische Ereignisse und Zusammenhänge

Schillers Beschäftigung mit der Philosophie Kants und Rousseaus: Einsicht in die moderne Staatsphilosophie

Die Französische Revolution: Abschreckung durch eine blutige Revolution, aber auch Anerkennung für den Kampf für politische Freiheit

Schiller am Weimarer Hof: idealer Rahmen zur Gestaltung von Ideendramen

→

Schillers Dramen der „Weimarer Klassik“:

1798/ 1799	*Wallenstein*-Trilogie
1800	*Maria Stuart*
1801	*Die Jungfrau von Orleans*
1803	*Die Braut von Messina*
1804	*Wilhelm Tell*

20. Jahrhundert als „poetisierter Wertekatalog des Bürgers“.[4] Im Folgenden werden Schillers wichtigste Dramen kurz vorgestellt.

Die Räuber

Schon sein Jugenddrama *Die Räuber* (1782), das in seiner zweiten Auflage das Motto „In tyrannos“ (Gegen die Tyrannen) trägt, bedeutet eine Kampfansage an den Despotismus in allen Bereichen. Die sich vom Vater ungerecht behandelt fühlenden Söhne Karl und Franz Moor rebellieren gegen die bestehende weltliche und göttliche Ordnung. Karl versucht es als Sozialrebell und „edler“ Räuber, Franz als egozentrischer, nihilistischer Machtmensch. Dem Verbrecher aus Empfindsamkeit, Karl, steht Franz, der zynische Verbrecher aus Verstand, gegenüber. Beide scheitern. Die wilde und leidenschaftliche Sprache sowie der Stoff zeigen Schiller als noch stark dem Sturm und Drang verhaftet.

---

4 Beate Nordmann: *Friedrich Schiller: Kabale und Liebe*, S. 60.

Die Verschwörung des Fiesco zu Genua

In *Die Verschwörung des Fiesco zu Genua* (1783), Schillers zweitem Drama, geht es ebenfalls um Rebellion gegen Tyrannenmacht. Der Titelheld scheitert schließlich an seinem eigenen Machtstreben. Er kämpft nicht uneigennützig gegen die Tyrannei für die Errichtung einer Republik, sondern strebt für sich selbst die Herzogwürde an. Damit wird er zum Verräter an der Revolution. Er wird von seinen Mitverschwörern getötet, um die Sache des Volkes zu retten.

Kabale und Liebe

Kabale und Liebe, ursprünglich *Luise Millerin* (1784), ist ein Zeitstück in der Nachfolge von Lessings bürgerlichem Trauerspiel *Emilia Galotti* (1772). Das Liebespaar, die bürgerliche Luise und der adlige Ferdinand, scheitert an der Intrige der moralisch verkommenen Hof- und Adelsschicht. So deutlich wie Schiller „hatte bisher noch niemand mit scharfem Realismus die korrupten Zustände und die im System liegende Skrupellosigkeit, welche menschliche Gefühle zerstört, dramatisch dargestellt.“[5]

Don Karlos

Don Karlos (1787) markiert einen Wendepunkt in Schillers Schaffen. Der leidenschaftliche „Revolutionär“ wird zum begeisterten Verkünder hoher Ideale. Sprachlich hat Schiller die leidenschaftliche, oft ungebändigte Prosa seiner frühen Stücke hier in Blankverse abgeändert. Inhaltlich wandelte sich das Stück in seiner vierjährigen Entstehungszeit von einer Anklage gegen die Inquisition über ein Familiendrama zu einer Staatstragödie. Zwar ist auch in der Endfassung noch der Vater-Sohn-Konflikt um die Liebe zu Elisabeth von Valois, die ursprünglich als Braut für Karlos ausersehen war, dann aber aus politischen Gründen die Frau seines Vaters Philipp II. wurde, vorhanden, aber in der tragenden Figur des Marquis Posa stellt Schiller eine Figur in den Mittelpunkt, die als idealistischer Vorkämpfer für weltbürgerliche Freiheitsideen und durch sein Opfer für Karlos zu Größe gelangt.

---

5 Ebd., S. 21.

Wallenstein- Trilogie

Mit seiner *Wallenstein*-Trilogie (*Wallensteins Lager, Piccolomini, Wallensteins Tod*, 1798/1799) wendet sich Schiller zwölf Jahre nach *Don Karlos* wieder dem Drama zu. Schon während er *Die Geschichte des dreißigjährigen Krieges* schrieb, hatte Schiller die Gestalt Wallensteins gefesselt. Mit der Vollendung der Trilogie eröffnete Schiller die Reihe seiner Meisterdramen. An der Figur Wallensteins zeigt Schiller die Verführbarkeit durch die Macht, die ihm die Freiheit der Entscheidung raubt. Wallenstein ist der „undurchschaubare Karrierist, der das politische Risiko nicht scheut – eine Symbolgestalt für Schillers vom Krieg erschütterte Zeit."[6]

Die Jungfrau von Orleans

Im Drama *Die Jungfrau von Orleans* (1801) macht Schiller die französische Nationalheldin Jeanne d'Arc zur Protagonistin. Sie gerät in den tragischen Konflikt zwischen göttlicher Berufung und der Liebe zum feindlichen englischen Offizier Lionel. In Abänderung der historischen Fakten lässt Schiller seine Heldin die Gefahr des Verrats an ihrer Berufung durch ihren freiwilligen Tod in der Schlacht überwinden.

Wilhelm Tell

Schillers letztes vollendetes Werk, das Schauspiel *Wilhelm Tell* (1804), hat wiederum die Befreiung von Tyrannei als Thema. Aus der Auseinandersetzung mit der Französischen Revolution sowie der Philosophie Kants und Rousseaus entwirft Schiller hier die Möglichkeit einer unblutigen, moralisch guten Revolution und das Ideal einer freien, bürgerlichen Gesellschaftsordnung. *Wilhelm Tell* sollte Schiller erfolgreichstes Schauspiel werden.

---

6 Martin Neubauer: *Friedrich Schiller: Wilhelm Tell*, S. 57.

Elisabeth I. und Maria Stuart

„Durch alle Werke Schillers geht die Idee von Freiheit, und diese Idee nahm eine andere Gestalt an, so wie Schiller in seiner Kultur weiter ging und selbst ein anderer wurde. In seiner Jugend war es die physische Freiheit, die ihm zu schaffen machte und in seine Dichtung überging, in seinem späteren Leben die ideelle."[7]

7 Aussage von Goethe; zitiert nach Nordmann, S. 20.

3. TEXTANALYSE UND -INTERPRETATION

3.1 Entstehung und Quellen

ZUSAMMEN-FASSUNG

- → 1782 erste Beschäftigung Schillers mit dem Maria-Stuart-Stoff
- → 1799/1800 Entstehung von *Maria Stuart*
- → 14. Juni 1800 Premiere am Weimarer Hoftheater

Schiller beschäftigte die Idee, ein Drama über die schottische Königin Maria Stuart zu schreiben, seit 1782. Bereits kurz nach seiner Flucht aus Württemberg auf Bauerbach, dem Gut seiner Gönnerin Henriette von Wolzogen bei Meiningen in Thüringen, begann er, noch vor der Fertigstellung von *Kabale und Liebe*, Material zu einem Maria-Stuart-Drama zu sammeln.

So erbat er sich vom Meininger Bibliothekar Reinwald William Robertsons *Geschichte Schottlands* sowie *Die Geschichte Großbritanniens* von David Hume. Auch William Camdens *Annales rerum Anglicarum et Hibernicarum regnante Elisabetha* (1615), das vor allem die Prozessakte quellenmäßig auswertet, wurde von Schiller in dieser Zeit studiert. Seinem Verleger Weygand in Leipzig versprach Schiller sogar ein Maria-Stuart-Drama[8]. Schiller hat das Projekt dann aber wohl wegen *Don Karlos* wieder zurückgestellt. Dass die Figur der Maria Stuart ihn nicht losließ, belegt ein Brief Schillers an seine spätere Frau Charlotte von Lengefeld vom März 1788. Er schickte ihr die deutsche Übersetzung von Robertsons *Geschichte Schottlands* mit der Empfehlung, sich „die Leiden der armen Köni-

8 Brief Schillers an Reinwald, zitiert nach Leipert: *Friedrich Schiller: Maria Stuart*, S. 27.

gin zu Herzen gehen"[9] zu lassen. Erst 1799, nach der Fertigstellung der *Wallenstein*-Trilogie, kam Schiller dazu, sich wieder intensiv mit seinem Maria-Stuart-Drama zu beschäftigen. Zwar scheint Schiller die Beschäftigung mit „Soldaten, Helden und Herrschern" zunächst „herzlich satt"[10] gewesen zu sein, aber bereits am 8. Mai 1799 schrieb er an seinen Freund Körner, dass er ein neues Trauerspiel schreiben wolle, und an Goethe, dass er bereits seit dem 4. Juni an einem Maria-Stuart-Stück schreibe.[11]

Schillers Studium der historischen Quellen ging schnell voran, weil er durch seine eigene Publikation *Geschichte des Abfalls der vereinigten Niederlande* gründliche Vorkenntnisse über das 16. Jahrhundert mitbrachte. Neben den historischen Quellen beschäftigte sich Schiller wohl auch mit zumindest einigen der über 50 bereits vorhandenen Maria-Stuart-Dramen. Wenngleich diese Stücke zumeist literarisch unbedeutende Tendenzstücke waren, die Maria Stuart häufig als Märtyrerin darstellten, hat Schiller diesen Stücken doch einige Motive seines Dramas zu verdanken. So sind etwa die nicht historisch belegte Begegnung der beiden Königinnen sowie die Gestalten des (möglichen) Retters Mortimer und die des Maria zugeneigten Höflings Leicester nicht Schillers Erfindungen.[12]

Aus Schillers intensivem Briefwechsel mit Goethe und Körner sowie seinen Kalendereinträgen geht hervor, dass er zwischen dem 4. Juni und dem 26. August 1799 die beiden ersten Akte der *Maria Stuart* fertiggestellt hatte.[13] Dann kam es zu einer Unterbrechung der Arbeit am Stück. Schiller war während des ganzen Septembers durch die Arbeit für seinen *Musenalmanach* sowie durch die

---

9 Zitiert nach Leipert, S. 27.
10 Brief Schillers an Goethe vom 19. März 1799; zitiert nach Christian Grawe: *Erläuterungen und Dokumente zu Friedrich Schiller: Maria Stuart*, S. 68.
11 Ebd., S. 69.
12 Vgl. hierzu Gerd Sautermeister: *Maria Stuart*, S. 283.
13 Vgl. hierzu Grawe, S. 67–72.

Endredaktion seines *Lieds von der Glocke* und der Übersetzung von Shakespeares *Macbeth* in Anspruch genommen. Außerdem verhinderten die Geburt seiner Tochter Karoline, die schwere Erkrankung seiner Frau und der Umzug nach Weimar die weitere intensive Arbeit an *Maria Stuart*. Erst Anfang Mai 1800, nachdem Schiller selbst eine schwere Erkrankung überstanden hatte, konnte er die ersten vier Akte seines Dramas vollenden und mit dem fünften beginnen. Gleichzeitig bereitete Schiller aber schon die Uraufführung seines Stücks vor, indem er u. a. Leseproben mit den für die Premierenaufführung vorgesehenen Schauspielern durchführte. Aber erst in der Ruhe und Abgeschiedenheit von Schloss Ettersburg, wohin er sich auf Einladung des württembergischen Herzogs Karl August drei Wochen zurückziehen konnte, gelang es Schiller, den fünften Akt von *Maria Stuart* zu vollenden.

Am 14. Juni 1800 wurde *Maria Stuart* am Weimarer Hoftheater uraufgeführt. Die an einigen Stellen geänderte Buchausgabe erschien im April 1801.

3.2 Inhaltsangabe

ZUSAMMEN-FASSUNG

In seinem Trauerspiel *Maria Stuart* schildert Schiller die letzten drei Tage vor der Hinrichtung der schottischen Königin. Maria entwickelt sich von der impulsiven Gefangenen zur geläuterten „schönen Seele". Sie verliert gegenüber ihrer Gegenspielerin Elisabeth zwar physisch, bleibt aber moralische Siegerin.

Akt I

1. Auftritt

Streitgespräch zwischen Hanna Kennedy und Amias Paulet über Maria Stuart

Der mit der Bewachung Maria Stuarts beauftragte Sir Amias Paulet durchsucht ihr Zimmer nach Schriften, mit denen sie Kontakt zu möglichen Befreiern aufnehmen sowie nach Schmuck, mit dem sie die Wächter bestechen könnte. Dabei kommt es zum Streitgespräch zwischen ihm und Marias Amme Hanna Kennedy. Während die Amme Marias jetzige Situation als Gefangene als ungerecht beklagt, sieht der strenge Puritaner Paulet in Maria lediglich die skrupellose, listige Verbrecherin.

2. Auftritt

Maria Stuart bittet um ein Treffen mit Elisabeth

Maria Stuart erscheint. Im Gegensatz zu ihrer Amme verurteilt sie Sir Paulets Verhalten nicht. Gefasst und hoheitsvoll bittet sie Paulet, Königin Elisabeth einen Brief mit der Bitte um ein Treffen zu überbringen. Sie erhofft sich von der Frau und Königin mehr Verständnis als von ihren männlichen Richtern. Zudem bittet sie um einen Notar, um ihr Testament zu verfassen, sowie um einen katholischen Priester, um die Beichte ablegen zu können. Auf ihre

Frage, ob bereits ein Urteil über sie gefällt worden sei, erhält Maria jedoch keine eindeutige Antwort.

3. Auftritt

Das Gespräch wird unterbrochen durch das Erscheinen Mortimers, des Neffen Sir Paulets. Er ruft seinen Onkel ab, ohne Maria auch nur zu beachten. Auf die Beschwerde Marias über das ungeziemende Benehmen Mortimers erwidert Paulet, dass Marias Verführungskünste an Mortimer verloren seien.

Mortimer erweist Maria keine Ehrerbietung

4. Auftritt

Als Maria und ihre Amme wieder allein sind, quält sich Maria mit Selbstvorwürfen, mitschuldig an der Ermordung ihres Mannes, Lord Darnleys, zu sein. Die Versuche Hannas, sie zu beruhigen, weist Maria zurück. Dass Maria den mutmaßlichen Mörder ihres Mannes, den Earl of Bothwell, geheiratet hat, versucht ihre Amme mit Bothwells teuflischer Verführungskunst zu entschuldigen. So wenig Maria das englische Gericht als für sie zuständig anerkennt, so schwer drückt sie ihre wirkliche Schuld, von der sie ahnt, dass sie nur durch ihr eigenes Blut gesühnt werden kann.

Maria leidet unter der Mitschuld am Tod ihres Mannes

5. Auftritt

Mortimer erscheint und überreicht Maria eine Karte. Daraufhin schickt die erschreckte Maria ihre verwunderte Amme als Wache aus dem Raum.

Mortimer will Maria allein sprechen

6. Auftritt

Mortimer legitimiert sich durch einen Brief des Kardinals von Lothringen, Marias Onkel, als Verbündeter. Er berichtet der erstaunten Maria schwärmerisch, wie er auf einer Reise nach Rom vom Glanz

Mortimer gibt sich als Verbündeter Marias zu erkennen

der Kirchen und des Papsttums fasziniert worden und zum Katholizismus konvertiert sei.

Als er im Palast des Kardinals ein Bild Marias gesehen habe, sei er von ihrer Schönheit ergriffen gewesen. Der Kardinal habe ihn dann über ihr Schicksal und ihren Anspruch auf den englischen Thron aufgeklärt; er habe sich daraufhin den Verschwörern angeschlossen. Man treffe sich im Palast des französischen Gesandten, Graf Aubespine, und habe alle Vorbereitungen zu ihrer Befreiung getroffen. Schließlich eröffnet Mortimer Maria, dass ihr Prozess entschieden und das Todesurteil über sie ausgesprochen sei; Elisabeth müsse es nur noch unterschreiben. Maria ist betroffen, da sie bisher höchstens mit einer lebenslänglichen Kerkerhaft gerechnet hatte. Mortimer zeigt ihr auf, dass in England schon mehrere ehemalige Königinnen enthauptet worden seien. Maria lehnt zum Erstaunen Mortimers eine gewaltsame Befreiung ab. Sie bittet Mortimer vielmehr, Lord Leicester einen Brief von ihr zu überbringen und sich ihm anzuvertrauen. Leicester wisse, wie man sie retten könne. Das Gespräch wird durch Hanna unterbrochen, die die Ankunft Sir Paulets mit Lord Burleigh ankündigt.

7. Auftritt

Großschatzkanzler Burleigh überbringt Maria ihr Todesurteil

Sir Paulet erscheint mit Baron von Burleigh, der Maria im Auftrag des Gerichts das Urteil überbringen soll. Bevor Burleigh jedoch den Urteilsspruch verkünden kann, verwickelt Maria ihn in einen Disput über die Richter und die Rechtmäßigkeit des Verfahrens. So stellt sie die Unabhängigkeit des Gerichts in Frage, weil hier Protestanten über sie als Katholikin, Briten gegen sie als Schottin geurteilt haben. Zudem sei das Gericht nicht unabhängig vom Willen des Herrschers und außerdem für sie als Königin eines ausländischen Staates gar nicht zuständig. Dem sich nur mühsam verteidigen könnenden Burleigh wirft Maria zudem Rechtsbruch vor, weil die Zeugen der Anklage nicht, wie das Gesetz es vorschreibt, ihr gegenübergestellt worden seien. Burleighs Behauptung, das Urteil sei gerecht, weil Maria durch Aufruhr den inneren und äußeren Frieden Englands gefährde, kontert Maria mit ihrem Recht auf Notwehr, da sie rechtswidrig in England eingekerkert worden sei. Dass sie Elisabeth habe ermorden wollen, bestreitet Maria vehement. Schließlich wirft Maria Elisabeth vor, sie missbrauche ihre Macht, weil sie ihre Ermordung als Hinrichtung tarnen wolle.

8. Auftritt

Burleigh versucht, Paulet für die Ermordung Marias zu gewinnen

Nach dem Abgang Marias kritisiert auch Paulet, dass die Zeugen Maria nicht gegenübergestellt worden seien. Burleigh verteidigt das Vorgehen des Gerichts mit der Furcht vor dem Einfluss Marias auf die Zeugen. Geschickt lenkt er dann das Gespräch auf die Sorge Elisabeths, die sich zwar scheue, das Todesurteil zu unterschreiben, andererseits aber auch erkenne, dass Maria nicht am Leben bleiben dürfe. Daher sei ein vorzeitiger Tod Marias durchaus im Sinn der Königin. Entrüstet lehnt Paulet die Zumutung ab. Er werde vielmehr Maria, trotz seiner Aversionen, gegen jeden Mordversuch schützen.

Akt II

1. Auftritt

Die französische Brautwerbung

Graf von Kent und Staatssekretär Davison unterhalten sich über die Brautwerbung Frankreichs. Kent berichtet von einem Turnierspiel zu diesem Ereignis und von der Begeisterung der Bevölkerung.

2. Auftritt

Verabschiedung der französischen Brautwerber

Elisabeth verabschiedet die französischen Gesandten, die im Auftrag des französischen Thronfolgers um ihre Hand geworben haben. Elisabeth ist zwar gegen die Ehe, weil sie ihrer Meinung nach die Frau zwinge, sich dem Mann zu unterwerfen, will aber ihrem Volk zuliebe die Verbindung eingehen. Allerdings gibt sie den französischen Gesandten keine feste Zusage, sondern praktiziert eine unentschlossene Hinhaltetaktik. Als der französische Botschafter, Graf Aubespine, es wagt, sie auf das Schicksal Maria Stuarts anzusprechen, beruft Elisabeth sich, leicht verärgert, auf ihre königliche Entscheidungsunabhängigkeit.

3. Auftritt

Diskussion im Staatsrat über Maria Stuarts Schicksal

Nach der Audienz bleibt Elisabeth mit den Mitgliedern des Staatsrates, Burleigh, Talbot und Leicester, zurück. Baron von Burleigh als Vertreter der Staatsräson lobt Elisabeths Absicht, den französischen Thronfolger zu heiraten und damit die Feindschaft mit Frankreich zu beenden. Einzig und allein Maria Stuart sei noch eine Gefahr für England, da sie Zwietracht säe und Teile der Jugend gegen Elisabeth einnehme. Zudem fordere auch das Volk ihr Leben, sodass es notwendig sei, Maria Stuart hinrichten zu lassen. Talbot, Graf von Shrewsbury, ist anderer Meinung. Er empfiehlt Elisabeth, Maria gegenüber Milde walten zu lassen, und gibt zu bedenken, dass die Stimmung des Volkes nach der Hinrichtung umschlagen könne; auch könne Recht nicht durch Stimmenmehrheit erreicht werden. Er macht Elisabeth darauf aufmerksam, dass sie als Herrscherin allein entscheiden müsse, und scheut sich auch nicht, Elisabeth die Verfahrensmängel im Prozess gegen Maria zu benennen. Schließlich versucht er, Marias Vergehen durch ihre damalige Notlage zu entschuldigen. Als er auf Marias Schönheit zu sprechen kommen will, unterbricht ihn Elisabeth und erteilt Leicester das Wort. Leicester versucht, zu taktieren, indem er zwar einerseits Marias Schuld hervorhebt, andererseits ihre Gefährlichkeit herunterspielt. Geschickt unterscheidet er zwischen seiner Meinung vor Gericht und im Staatsrat. Er empfiehlt Elisabeth, Maria zwar zu verurteilen, sie dann aber lebenslänglich gefangen zu halten, immer mit der Option der Hinrichtung.

4. Auftritt

Marias Brief an Elisabeth

Sir Paulet erscheint mit Mortimer, um seinen Neffen bei Hof einzuführen. Mortimer erzählt von seiner Reise nach Frankreich und Rom; er stellt es so dar, als sei er dort als Spion Elisabeths tätig gewesen. Er übergibt Elisabeth Briefe, die ihm angeblich von den Verschwörern in Frankreich anvertraut wurden. Elisabeth ist von Mortimer sehr angetan; Sir Paulet nutzt die Gelegenheit, Elisabeth den Brief Marias mit der Bitte um eine Begegnung zu übergeben. Elisabeth ist gerührt vom Inhalt und der Erkenntnis der schnellen Vergänglichkeit weltlicher Macht. Während Burleigh strikt gegen eine Begegnung der beiden Königinnen ist, befürwortet Talbot sie als Möglichkeit der Versöhnung. Leicester überlässt die Entscheidung geschickt der Königin selbst. Elisabeth entlässt ihren uneinigen Staatsrat und hält nur Mortimer zurück.

5. Auftritt

Mortimer soll Maria ermorden

Elisabeth sieht in Mortimer einen Helfer. Sie lässt daher ihre Maske fallen und gesteht Mortimer, dass sie Marias Tod will, aber nicht weiß, wie sie unbefleckt aus der Sache herauskommen kann. Mortimer begreift schnell, dass Elisabeth ihn als Mörder Marias werben will. Er erklärt sich bereit, den Mordauftrag auszuführen. Elisabeth verspricht ihm als Belohnung ihre Liebesgunst.

6. Auftritt

Mortimer offenbart sich

In einem Selbstgespräch äußert Mortimer seine Verachtung gegenüber Elisabeth und spricht ihr jegliche weiblichen Reize ab. Er hat Elisabeth getäuscht, um Zeit für die Befreiung Marias zu gewinnen.

7. Auftritt

Paulet versucht, Mortimer zu warnen

Sir Paulet ahnt, welches Angebot Elisabeth Mortimer gemacht hat, und versucht, ihm ins Gewissen zu reden. Mortimer tut begriffsstutzig. Das Gespräch wird durch das Erscheinen Leicesters beendet, der Elisabeths Anweisung bekannt gibt, dass Mortimer ab jetzt uneingeschränkt für den Schutz Marias zuständig sei.

8. Auftritt

Mortimer und Leicester streiten, wie Maria zu retten sei

Mortimer und Leicester misstrauen sich zunächst; erst als Mortimer sich offenbart und ihm den Brief Marias überreicht, vertraut ihm Leicester seine Motive für Marias Rettung an: In der Hoffnung, Elisabeths Hand zu erringen und damit König von England zu werden, habe Leicester einst eine Verbindung mit Maria Stuart abgelehnt. Jetzt, nach jahrzehntelangem vergeblichem Werben, müsse er befürchten, dass Elisabeth ihm den französischen Thronfolger vorziehe und er seine Macht und seinen Einfluss bei Hof verliere. So habe er voll Reue seine Liebe zu Maria wiederentdeckt; Maria sei bereit, seine Liebe zu erwidern. Als Mortimer ihm eifersüchtig vorwirft, nichts Konkretes zu Marias Rettung getan zu haben, und ihm seinen eigenen gewaltsamen Befreiungsplan offenbart, ist Leicester entsetzt und befürchtet, in die Verschwörung hineingezogen zu werden. Er lehnt eine gewaltsame Befreiung Marias als zu riskant ab und will vielmehr Elisabeth davon überzeugen, sich mit Maria zu treffen. Leicester hofft, so eine Begnadigung Marias zu erreichen. Enttäuscht und verärgert beendet Mortimer das Gespräch.

9. Auftritt

Leicester gelingt es, Elisabeth für ein Treffen mit Maria zu gewinnen

Als Elisabeth unerwartet erscheint, gelingt es Leicester, sich geschickt aus der Affäre zu ziehen, indem er Elisabeths Schönheit preist und ihr Liebeskummer wegen ihrer bevorstehenden Ehe mit dem französischen Thronfolger vorheuchelt. Elisabeth zeigt sich für seine Schmeicheleien empfänglich und macht deutlich, dass sie im Gegensatz zu Maria Stuart nicht ihren Neigungen nachgehen könne. Leicester nimmt das Stichwort „Maria Stuart" geschickt auf. Er will Elisabeth glauben machen, dass ihre Schönheit die von Maria übertreffe; er überredet sie zu einem „zufälligen" Treffen mit Maria, wenn ihre Jagdgesellschaft am Nachmittag Schloss Fotheringhay passiere.

Akt III

1. Auftritt

Maria hat erstmals die Erlaubnis erhalten, sich im Park von Schloss Fotheringhay aufzuhalten. Im Gegensatz zu ihrer Amme glaubt Maria voller Hoffnung, in dieser Gunst den positiven Einfluss Leicesters zu ihrer Befreiung zu sehen; sie schöpft neuen Lebensmut.

Marias trügerische Hoffnung

2. Auftritt

Sir Paulet erklärt Maria, dass er ihren Brief Königin Elisabeth überreicht habe, diese Marias Bitte erfülle und sich gleich hier mit ihr treffen werde. Maria ist entsetzt; sie fühlt sich für die unerwartete Begegnung nicht vorbereitet.

Sir Paulet informiert Maria über Elisabeths Eintreffen

3. Auftritt

Graf Shrewsbury erscheint, um Maria auf das Treffen mit Elisabeth vorzubereiten. Er versucht, Maria, die sich der Begegnung nicht gewachsen glaubt, Mut zuzureden, und empfiehlt ihr, sich vor Elisabeth zu demütigen.

Maria erwartet Elisabeth voll Furcht und Hass

4. Auftritt

Elisabeth erscheint mit Leicester und tut so, als wisse sie nicht, wo sie sich befinde. Dabei fixiert sie jedoch Maria genau und versucht, sie durch übertriebenes Eigenlob zu provozieren. Maria versucht,

Die Begegnung der Königinnen

sich zu beherrschen und unterwirft sich Elisabeth in der Erwartung, dass Elisabeth sie wieder erheben möge. Elisabeth denkt jedoch nicht daran, sondern genießt den Triumph und wirft Maria ihre Vergehen vor. Maria versucht, sich gegenüber Elisabeth zu rechtfertigen, und ist sogar bereit, sich völlig zu demütigen und auf alle Herrschaftsansprüche zu verzichten. Sie erwartet dafür allerdings von Elisabeth ihre Freiheit. Trotz ihrer Selbstverleugnung gelingt es Maria nicht, sich zwischen ihren Worten versteckter Angriffe auf Elisabeth zu enthalten. Elisabeth weist im Gefühl ihrer scheinbaren Überlegenheit alle Versöhnungs- und Entschuldigungsversuche Marias kalt zurück. Sie genießt vielmehr Marias Kapitulation. Als Elisabeth sich jedoch über Marias gepriesene Schönheit hämisch lustig macht und sie sogar als königliche Hure beschimpft, verliert Maria die Nerven. Vergeblich versuchen Leicester und Shrewsbury, die entsetzt den Verlauf des Gesprächs beobachtet haben, Maria zur Mäßigung zu bewegen. Maria lässt nun jedoch ihrem ganzen Frust und Hass auf Elisabeth freien Lauf, indem sie der sprachlosen Elisabeth u. a. ihre illegitime Herkunft vorhält und sich selbst als einzig legitime Herrscherin Englands bezeichnet. Elisabeth sei nur ein illegitimer Bastard auf Englands Thron. Gedemütigt und sprachlos verlässt Elisabeth den Park.

5. Auftritt

Maria genießt ihren Sieg

Während Hanna Kennedy Marias Verhalten kritisiert, weil jetzt alle Hoffnung auf Begnadigung vertan sei, fühlt sich Maria befreit. Besonders freut sie, dass sie Elisabeth im Beisein ihres Favoriten Leicester gedemütigt habe.

6. Auftritt

Mortimers Vergewaltigungsversuch

Mortimer, der das Gespräch heimlich belauscht hat, ist von Marias Auftritt begeistert. Als Maria ihn nach der Reaktion Leicesters auf ihren Brief fragt, zeigt Mortimer nur Verachtung für die Feigheit Leicesters. Maria könne auf keine Begnadigung mehr hoffen. Nur er, Mortimer, könne Maria gewaltsam retten. Er sei sogar bereit, für Marias Befreiung sein eigenes Leben zu opfern und seinen Onkel zu töten. Maria ist entsetzt und lehnt eine gewaltsame Befreiung ab, doch Mortimer steigert sich immer mehr in seine Vorstellung, die sich mit dem Begehren Marias vermischen, hinein. Vor einem Vergewaltigungsversuch Mortimers rettet Maria das Erscheinen Hanna Kennedys, die erschreckt berichtet, dass bewaffnetes Volk das Schloss stürmen wolle. Maria und Hanna Kennedy fliehen ins Schlossinnere.

7. Auftritt

Sir Paulet versucht, das Schloss zu befestigen. Er teilt Mortimer mit, dass Elisabeth in den Straßen Londons ermordet worden sei.

Angebliche Ermordung Elisabeths

8. Auftritt

Mortimers Mitverschworener Okelly erscheint und berichtet, der voreilige Mordanschlag auf Elisabeth sei misslungen. Er fordert Mortimer auf, auch zu fliehen, da ihre Sache verloren sei. Mortimer jedoch will bleiben und weiter für Marias Befreiung kämpfen.

Der Anschlag auf Elisabeth ist misslungen

Akt IV

1. Auftritt

Der französische Gesandte, Graf Aubespine, erfährt, dass ein katholischer Franzose der Attentäter gewesen sei.

Der Attentäter

2. Auftritt

Baron von Burleigh befiehlt Staatssekretär Davison, den Hinrichtungsbefehl für Maria Stuart auszufertigen. Als Graf Aubespine erscheint, um Elisabeth zu ihrer Rettung zu gratulieren, teilt Burleigh

Graf Aubespine wird ausgewiesen

ihm mit, dass er aus England ausgewiesen sei, weil er von dem Anschlag gewusst habe. Der Attentäter habe einen von Aubespine ausgestellten Pass besessen. Als Aubespine eine Untersuchung verlangt und mit dem Rücktritt des französischen Thronfolgers vom Heiratsversprechen droht, eröffnet ihm Burleigh, dass Elisabeth bereits entschieden habe, den französischen Thronfolger nicht zu heiraten.

3. Auftritt

Burleigh verdächtigt Leicester des Doppelspiels

Burleigh hat Leicesters Doppelspiel durchschaut. Er wirft Leicester vor, Elisabeth durch das Treffen mit Maria Stuart in eine Falle gelockt zu haben. Leicester fordert Burleigh auf, seine Anschuldigungen vor Elisabeth zu wiederholen.

4. Auftritt

Leicester verrät Mortimer

Leicester sieht sich enttarnt und fürchtet um seine Position und um sein Leben. Als Mortimer erscheint und ihn warnt, dass Burleigh einen angefangenen Brief Marias an Leicester gefunden habe, ergreift Leicester seine Chance und lässt Mortimer als Verräter verhaften. Mortimer entzieht sich seiner Verhaftung durch Selbstmord, jedoch ohne Leicester zu verraten.

5. Auftritt

Elisabeth will sich an Leicester rächen

Burleigh hat Elisabeth Leicesters Verrat aufgezeigt. Elisabeth ist durch Leicesters scheinbare Untreue und Heimtücke tief verletzt; sie will ihn und Maria aus Rache hinrichten lassen. Als ein Diener erscheint, um Leicester anzukündigen, gerät Elisabeths Entschluss, Leicester nicht mehr sehen zu wollen, sehr zum Ärger Burleighs wieder ins Wanken.

6. Auftritt

Trotz Verbots dringt Leicester bis zu Elisabeth vor. Als Elisabeth ihn mit dem Brief Marias konfrontiert, gelingt es Leicester, sich geschickt aus der Affäre zu ziehen, indem er, nicht ohne Burleigh abzuwerten, vorgibt, mit Maria in Verbindung getreten zu sein, um sie ausspionieren zu können. Als Beweis führt Leicester seine Enttarnung Mortimers an. Um Elisabeth und Burleigh völlig von seiner Unschuld zu überzeugen, plädiert Leicester jetzt auch für die Hinrichtung Marias. Auf Vorschlag Burleighs beauftragt Elisabeth Leicester mit der Vollstreckung von Marias Hinrichtung. Als Leicester sich mit Hinweis darauf, dass eine solche Funktion sich nicht mit seiner Position am Hof vertrage, dieser Aufgabe entledigen will, stellt Elisabeth ihm Burleigh zur Seite.

Leicester gelingt es, Elisabeth umzustimmen

7. Auftritt

Graf von Kent informiert Elisabeth, dass das Volk befürchte, Maria Stuart könne von ihren Anhängern befreit und zur Königin gemacht werden. Er fordert daher von Elisabeth die sofortige Hinrichtung Marias.

Das Volk fordert die Hinrichtung Marias

8. Auftritt

Davison bringt Elisabeth das Todesurteil. Während Burleigh sie drängt, den Willen des Volkes zu erfüllen und das Urteil zu unterschreiben, zögert Elisabeth. Sie fürchtet die Wankelmütigkeit des Volkswillens.

Elisabeth zögert, das Urteil zu unterschreiben

9. Auftritt

Während der Graf von Shrewsbury, der Elisabeth beim Attentatsversuch das Leben gerettet hat, sie vor einem voreiligen Unterschreiben des Todesurteils mit dem Hinweis auf die Wankelmütigkeit des Volkswillens warnt, versucht Baron von Burleigh, Elisabeth zur Un-

Elisabeth berät sich mit dem Staatsrat

terzeichnung des Todesurteils zu bewegen. Er befürchtet anderenfalls ein Erstarken der katholischen Kräfte und Unruhen im Land. Elisabeth kann sich nicht entscheiden. Sie schickt ihre Berater weg und will sich im Gebet mit Gott beraten.

10. Auftritt

Elisabeth unterschreibt Marias Todesurteil

Als Elisabeth allein ist, hadert sie mit ihrem Schicksal, sich nach dem Willen des Volkes richten zu müssen und nicht frei entscheiden zu können. Sie erkennt jedoch, dass sie aufgrund der ausländischen Bedrohungen auf die Gunst des Volkes angewiesen ist. Erzürnt und verletzt erinnert sie sich an ihre Demütigung durch Maria Stuart. Erst wenn Maria tot ist, wird Elisabeth sicher auf dem englischen Thron sitzen können. Aufgebracht unterschreibt sie das Todesurteil.

11. Auftritt

Elisabeth schiebt Davison die Verantwortung zu

Als Davison erscheint und Elisabeth berichtet, wie Shrewsbury die aufgebrachte Volksmenge besänftigt hat, nutzt Elisabeth die Gelegenheit, Davison das unterschriebene Todesurteil auszuhändigen. Der entsetzte Davison versucht vergeblich, von Elisabeth zu erfahren, wie er mit dem unterschriebenen Todesurteil umgehen soll.

12. Auftritt

Burleigh trifft die Entscheidung

Verzweifelt überlegt Davison, ob er nun das Urteil aufbewahren oder weitergeben soll. Als Burleigh erscheint, bittet ihn Davison um Entscheidungshilfe. Burleigh legt Elisabeths Unterschrift in seinem Sinn als Befehl zur sofortigen Hinrichtung Marias aus. Er entreißt Davison das Urteil und eilt, den verzweifelten Davison zurücklassend, fort.

Akt V

1. Auftritt

Paulet bringt Marias Schmuck und Besitz zurück. Auch Marias Diener dürfen wieder zu ihr. Als ihr ehemaliger Haushofmeister Melvil erscheint, berichtet Hanna Kennedy ihm, mit welch bewundernswerter Fassung Maria die Hinrichtungsnachricht aufgenommen habe.

Hanna Kennedy berichtet Melvil von Marias Gefasstheit

2. Auftritt

Margareta Kurl, die Frau von Marias Sekretär, auf dessen Aussage hin Maria verurteilt wurde, beschwört, dass ihr Mann eine Falschaussage gemacht habe und Maria unschuldig sterbe.

Verurteilung aufgrund einer Falschaussage

3. Auftritt

Marias Leibarzt berichtet Melvil, dass er für Marias Stärkung sorgen werde, damit ihre körperliche Schwäche nicht als Furcht ausgelegt wird.

Marias Getreue umsorgen sie

4. Auftritt

Marias Kammerfrauen berichten, dass Maria sie weggeschickt habe, weil sie allein eine letzte Zwiesprache mit Gott halten wolle.

Maria betet

5. Auftritt

Margareta Kurl berichtet entsetzt, dass sie die düstere Hinrichtungsstätte gesehen habe, vor der sich schon eine blutgierige Zuschauermenge versammelt habe.

Margareta Kurl schildert die Hinrichtungsstätte

6. Auftritt

Maria erscheint, festlich gekleidet mit den Symbolen des katholischen Glaubens. Sie ist gefasst und tröstet ihre Diener, indem sie ihren Tod als Befreiung und Erlösung im Jenseits darstellt. Schließ-

Maria nimmt Abschied von ihren Dienern

lich verteilt sie ihre Besitztümer an ihre Bediensteten und nimmt bewegt Abschied.

7. Auftritt

Maria beichtet und empfängt die heilige Kommunion

Maria hat sich von ihrem irdischen Leben gelöst. Sie bedauert allerdings, dass es ihr nicht vergönnt sei, die Tröstungen ihrer – der katholischen – Kirche zu empfangen. Da eröffnet ihr Melvil, dass er sich extra zum Priester habe weihen lassen, um Maria auf ihrem letzten Weg kirchlichen Beistand geben zu können. Maria beichtet ihm ihren Hass auf Elisabeth und ihre früheren Vergehen. Als Melvil sie nach ihrer Mitschuld an den Attentaten auf Elisabeth, für die sie ja zum Tod verurteilt worden ist, fragt, beschwört Maria, Elisabeth niemals nach dem Leben getrachtet zu haben. Sie nehme das Todesurteil jedoch als Buße für ihre früheren Vergehen an. Nachdem Maria die Absolution und das Abendmahl empfangen hat, erscheinen Leicester und Burleigh, um sie zur Hinrichtung abzuholen.

8. Auftritt

Marias letzte Wünsche

Während Leicester zurückbleibt und jeden Blickkontakt mit Maria vermeidet, nehmen Burleigh und Paulet Marias letzte Wünsche und Bitten entgegen. Maria bereut, Elisabeth gedemütigt zu haben, und bittet sie, ihr zu vergeben. Sie selbst vergibt Elisabeth ihre Hinrichtung und wünscht ihr eine glückliche Regentschaft.

9. Auftritt

Maria auf dem Weg zur Hinrichtung

Auf Fürsprache Paulets erlaubt Burleigh, dass Melvil und Hanna Kennedy Maria auf ihrem letzten Weg begleiten dürfen. Sie erniedrigt Leicester, indem sie ihm sanft-ironisch sein Versagen und seine Feigheit vor Augen hält und ihm gesteht, dass sie ihn geliebt hat.

10. Auftritt

Leicester ist menschlich-moralisch vernichtet. Er versucht, sich zusammenzureißen, kann jedoch nicht ertragen, Marias Hinrichtung anzusehen. Als er unfreiwillig Ohrenzeuge wird, bricht er zusammen.

Leicester bleibt vernichtet zurück

11. Auftritt

In ihrem Palast wartet Elisabeth unruhig auf die Nachricht von Marias Hinrichtung, wagt es jedoch nicht, sich offiziell danach zu erkundigen.

Elisabeth wartet

12. Auftritt

Von einem Pagen erfährt Elisabeth, dass Leicester und Burleigh London verlassen haben. Sie kann daraus schließen, dass Maria inzwischen hingerichtet worden ist. Sie vertreibt ihre Angst, indem sie sich vornimmt, über Marias Tod Krokodilstränen zu vergießen.

Elisabeth geht vom Tod Marias aus

13. Auftritt

Shrewsbury erscheint und berichtet Elisabeth, dass er im Gefängnis war und von Marias Schreiber Kurl erfahren habe, dass dieser vor Gericht eine Falschaussage gemacht habe, aufgrund derer Maria zum Tod verurteilt wurde. Elisabeth tut so, als wisse sie nichts von Marias Hinrichtung, und verspricht Shrewsbury, Marias Fall neu untersuchen zu lassen.

Elisabeth tut so, als wolle sie Marias Fall neu untersuchen lassen

14. Auftritt

Elisabeth lässt ihren Staatssekretär Davison kommen und verlangt das Urteil, das sie ihm gegeben hatte, zurück. Sie habe es ihm ja nur zur Aufbewahrung anvertraut. Der entsetzte Davison gesteht, dass er das Urteil Burleigh gegeben habe. Elisabeth schiebt nun alle Schuld auf Davison und will ihn vor Gericht stellen.

Elisabeth stellt sich als unwissend und unschuldig dar

Letzter Auftritt

Elisabeth bleibt allein zurück

Burleigh kommt, um Elisabeth über die vollzogene Hinrichtung Marias zu unterrichten. Auf Elisabeths Nachfragen gesteht er offen, die Vollstreckung des Urteils eigenmächtig veranlasst zu haben. Elisabeth verbannt ihn wegen Amtsmissbrauchs vom Hof, Davison lässt sie verhaften und anklagen. Shrewsbury durchschaut jedoch Elisabeths Taktik, sich reinwaschen zu wollen, und legt resigniert sein Amt nieder. Als Elisabeth nun nach Leicester schicken lässt, muss sie erfahren, dass dieser England Richtung Frankreich verlassen hat. Mühsam um Selbstbeherrschung ringend, muss sich Elisabeth ihre Niederlage eingestehen.

3.3 Aufbau

ZUSAMMEN-FASSUNG

- → Streng durchkomponiertes Drama
- → Symmetrischer Aufbau
- → Höhepunkt: Begegnung der Königinnen

Klassischer Aufbau

Schillers Drama *Maria Stuart* gilt aufgrund seiner „wohl kalkulierte(n) Architektonik“[14] als Meisterwerk und eines der technisch besten Dramen der deutschen Theatergeschichte[15]. Formal orientiert sich Schiller am klassischen fünfaktigen Dramenaufbau.

Weitgehende Einhaltung der drei Einheiten

Auch an die Aristoteles zugeschriebene Forderung nach den drei Einheiten (Einheit des Ortes, der Handlung und der Zeit) hat sich Schiller in *Maria Stuart* weitgehend gehalten. Die Handlung spielt zwar an drei verschiedenen Orten (Palast zu Westminster, Schloss Fotheringhay und Schlosspark), doch bis auf die Szenen im Schlosspark findet sie in geschlossenen Räumen statt. Die Einheit der Handlung ist weitgehend gegeben, wenn man als Haupthandlung die Hinrichtung Marias sieht. Alle retardierenden Nebenhandlungsstränge – Mortimer-Handlung, Leicester-Handlung, Burleigh-Handlung (falls man sie überhaupt als solche sehen will) – sind verzögernd oder fördernd auf die Haupthandlung ausgerichtet. Auch bei der Einheit der Zeit hat sich Schiller nicht sklavisch an die Vorgaben gehalten: Die Handlung erstreckt sich über drei Tage.

14 Große, S. 189.
15 Vgl. hierzu auch Rinnert, S. 41; Popp, S. 84, Sautermeister, S. 280 f.

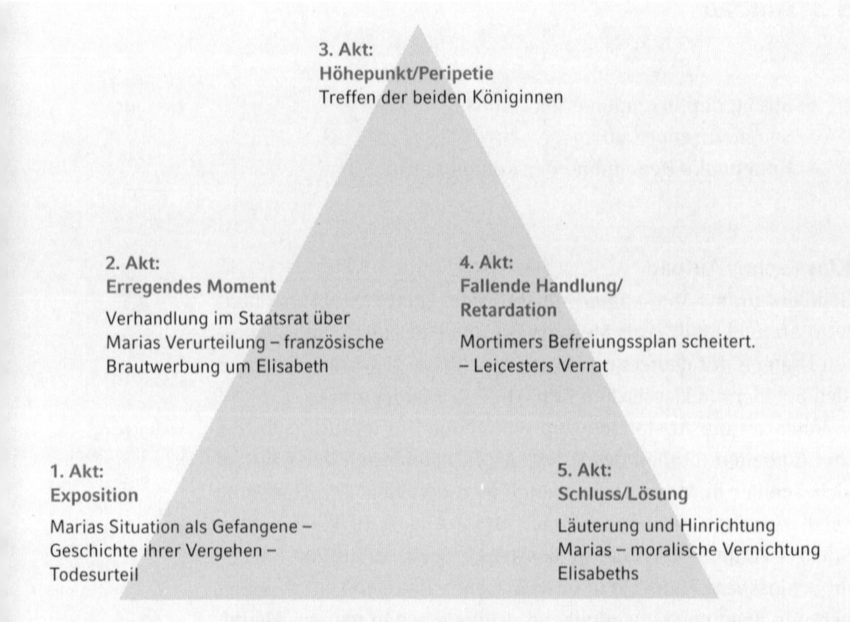

In *Maria Stuart* hält sich Schiller an die Ständeklausel: Nur Personen hohen Standes treten auf, weil die Fallhöhe bei ihnen größer ist und die Zuschauer daher stärker erschüttert. Der Sturz und die Hinrichtung einer gesalbten Königin war für Schillers Zeitgenossen, trotz Französischer Revolution, immer noch ein erschütterndes Ereignis.

Symmetrische Struktur

Alle genannten Merkmale kennzeichnen Schillers Werk als geschlossenes Drama. Sein tektonisches Aufbauprinzip lässt sich aber noch an anderen Elementen festmachen. So fällt die auf die Hauptakteurinnen bezogene symmetrische Anordnung der Akte auf. Um die Spiegelachse ihres Gesprächs im dritten Akt sind die Auftritte der beiden Königinnen antithetisch verteilt. Das bedeutet, dass dem ersten Akt mit Maria Stuart als beherrschender Figur der zweite Akt mit der Dominanz Elisabeths gegenübersteht. Dem vierten Akt mit der Hauptperson Elisabeth ist dann wieder der fünfte Akt, der primär Maria gehört, gegenübergestellt. Dieser Hauptpersonensymmetrie entspricht die Symmetrie der Handlungsorte, da das Stück nur an zwei Schauplätzen spielt, die jeweils einer Königin zugeordnet sind (Maria im Gefängnis auf Schloss Fotheringhay, Elisabeth im Palast zu Westminster). Der dritte Akt fällt im Hinblick auf den Handlungsort aus dem antithetischen Rahmen, da er als einziger im Park von Schloss Fotheringhay spielt.

1. Akt	Maria – Schloss Fotheringhay
2. Akt	Elisabeth – Palast zu Westminster
3. Akt	Begegnung der beiden Königinnen – Park von Schloss Fotheringhay
4. Akt	Elisabeth – Palast zu Westminster
5. Akt	Maria – Schloss Fotheringhay (Elisabeth – Palast zu Westminster)

Symbolische Bedeutung der Schauplätze

Die Schauplätze haben in *Maria Stuart* zudem symbolische Bedeutung: „Der Gegensatz von Gefängnis und Herrscherpalast reflektiert den Gegensatz von völliger Ohnmacht und politischer Macht.“[16] Aber auch die in „antithetischer Symmetrie angeordnete Verwandlung der Schauplätze“[17] kann man in diesem Sinn deuten. So ist Marias Zimmer in Schloss Fotheringhay im ersten Akt für sie ein Ort

---

16 Popp, S. 86.
17 Ebd.

der „Vereinsamung und Erniedrigung“[18], um dann im fünften Akt Schauplatz ihrer Selbstüberwindung und ihres moralischen Sieges zu werden. Im ersten Akt wird Maria der letzte Schmuck weggenommen, sodass ihr Zimmer zur trostlosen Kerkerzelle wird. Dagegen erhält Maria im fünften Akt all ihre Habe zurück, sodass ihr Zimmer zum edlen Palast wird und damit ihren moralischen Sieg quasi auch optisch unterstreicht.

Bei Elisabeth verhält es sich umgekehrt. Erscheint ihr Palast im zweiten Akt als Ort ihrer Machtdarstellung und des Werbens um sie, so ist er in der letzten Szene des fünften Aktes der Ort ihrer Niederlage und ihrer Verlassenheit.

Symmetrie bei den Szenen

Auch in der Verteilung der Szenen setzt sich der symmetrische Aufbau von *Maria Stuart* fort: Marias erstem Auftreten in der zweiten Szene des ersten Aktes ist Elisabeths erstem Auftritt in der zweiten Szene des zweiten Aktes gegenübergestellt. Marias Gespräch mit ihrer Vertrauten Hanna Kennedy und ihrem Gespräch mit Mortimer ist im zweiten Akt Elisabeths Gespräch mit ihren Vertrauten im Staatsrat und ihr Gespräch mit Mortimer parallel gesetzt.

> „Auch szenische Kontraste gehorchen dem Prinzip geometrischer Ordnung. Burleighs schroffe Unfreundlichkeit gegenüber Maria, wie sie im spitzfindigen Disput von I, 7 hervortritt, ist seine hoffärtige Rede in II, 3 entgegengesetzt.“[19]

Schiller benannte sein Drama zwar nach der schottischen Königin Maria Stuart, aber von der Anzahl der Auftritte her wird sie von ihrer Gegenspielerin Elisabeth I. übertroffen: Elisabeth hat 17 Auftritte, Maria 16.

---

18 Ebd.
19 Peter-André Alt: *Schiller: Leben – Werk – Zeit*, S. 497; zitiert nach Große, S. 189.

Hinrichtung Maria Stuarts
© ullstein bild

Bereits in seinen Brief vom 25. April 1799 schrieb Schiller an Goethe, dass sich für sein neues Drama *Maria Stuart* die „Euripidische Methode“ „qualifizieren“[20] würde.[21] Schiller blieb diesem Gedanken treu und schrieb *Maria Stuart* als analytisches Drama. Das hatte den Vorteil, dass er nicht die ganze Vorgeschichte Marias auf die Bühne bringen musste, sondern „dass man die Katastrophe gleich in den ersten Szenen sieht, und indem die Handlung des Stücks sich davon wegzubewegen scheint, ihr immer näher und näher geführt wird.“[22]

---

20 Ebd.

21 Brief Schillers an Goethe vom 25. April 1799; zitiert nach www.teachsam.de/Maria Stuart (Entstehungsgeschichte des Dramas; Stand Oktober 2011).

22 Brief Schillers an Goethe vom 18. Juni 1799; zitiert nach Grawe, S. 70.

3.4 Personenkonstellation und Charakteristiken

ZUSAMMENFASSUNG

→ Die Figuren sind eher Ideenträger als individuelle Charaktere.
→ Trotzdem gelingt es Schiller, ihnen eine gewisse psychologische Tiefe zu geben.
→ Im Mittelpunkt stehen Maria und Elisabeth. Ihnen sind die anderen Figuren jeweils zugeordnet.

Historie und Erfindung

Fast alle im Stück auftretenden Figuren sind historische Persönlichkeiten; lediglich die Figur des Mortimer sowie Leicesters Liebesverhältnis zu Maria sind Schillers Erfindungen. Die beiden Königinnen hat Schiller verjüngt, um ihre „Liebesrivalität" verständlicher und überzeugender zu machen. Dennoch ging es Schiller nicht primär um die Darstellung historischer Ereignisse, sondern um die Verkörperung (zumindest aus seiner Sichtweise) allgemein menschlicher Probleme. So schrieb er 1798 an Goethe, dass seiner Meinung nach alle poetischen Figuren „symbolische Wesen" seien, die „immer das Allgemeine der Menschheit darzustellen und auszusprechen haben."[23]

Figuren als Ideenträger

Schillers Figuren sind daher eher Ideenträger als individuelle Charaktere. Dass sie dennoch keine blutleeren Begriffsträger bleiben, gelingt Schiller einmal dadurch, dass er keine eindimensionalen Figuren zeigt, sondern „gemischte Charaktere", zum anderen, indem er ihnen „eine gewisse psychologische Tiefe"[24] gibt.

---

23 Zitiert nach Rinnert, S. 45.
24 Rinnert, S. 46.

In Mittelpunkt des Handlungsgeschehens stehen die beiden Königinnen Maria Stuart und Elisabeth I. Ihnen zugeordnet sind ihre jeweiligen Diener bzw. Höflinge. Lediglich Mortimer, Leicester und Shrewsbury durchbrechen diese „antithetische Figurenkonstellation“[25].

Maria Stuart

Unterschiedliche Beurteilung Marias

Die Titelfigur des Dramas ist die ehemalige Königin von Schottland, die, von ihrem Thron vertrieben, in England Zuflucht gesucht hat. Aber statt Schutz und Hilfe zu erhalten, lässt Elisabeth I. sie einkerkern und schließlich wegen Hochverrats zum Tod verurteilen. Gleich in der ersten Szene stellt Schiller die unterschiedliche Beurteilung Marias dar. Während ihre Amme Hanna Kennedy sie als durch Erziehung und Schicksal geprägtes unschuldiges Opfer darstellt, sieht ihr Bewacher Amias Paulet Maria als gefährliche intrigante Ehebrecherin, die einen gewaltsamen Umsturz in England erreichen will, um dort Königin zu werden.

Marias Verhalten straft beide Beurteilungen zunächst Lügen. Sie zeigt Verständnis für die Strenge ihrer Haft und gibt sich ihrem Schicksal gegenüber gefasst. Allerdings betont sie in stolzem Selbstbewusstsein ihren Rang als Königin (vgl. I, V. 155 f.). Ihre Bitte um ein Treffen mit Elisabeth begründet sie damit, sich als Frau einer anderen Frau besser offenbaren zu können als den männlichen Hofschranzen. Hinter der Bezeichnung Elisabeths als „königliche[r] Schwester“ (I, V. 162) verbirgt sich jedoch auch Marias Anspruch auf gleichen Rang.

Unterschiedliche Haltungen je nach Gesprächspartner

Im Gespräch mit ihrer Amme (I, 4) lässt Maria keinen Entschuldigungs- und Entlastungsgrund für ihr Verhalten im Zusammenhang mit der Ermordung ihres zweiten Mannes gelten. Sie leidet viel-

---

25 Rinnert, S. 48.

mehr unter ihrer Schuld und scheint sogar bereit, das Urteil des englischen Gerichts als Buße für diese früheren Vergehen zu akzeptieren.

Ganz anders zeigt sich Maria im Streitgespräch mit Burleigh (I, 7). Sie zeigt sich als glänzende Rhetorikerin und profunde Kennerin des englischen Rechtssystems; ihren Argumenten ist Burleigh nicht gewachsen.

Marias Schönheit

Bei der Begegnung mit Mortimer (I, 6) und bereits vorher durch die Unterstellung Paulets (I, V. 261) kommt ein weiterer Aspekt von Marias Wesen ins Gespräch: ihre Schönheit und damit ihre verführerische Macht auf Männer. Maria Stuart galt als eine der schönsten Frauen der Zeit. Im Stück kann selbst ihr früherer Bewacher, der alte Politiker Shrewsbury, sich der Macht ihrer Schönheit nicht entziehen und gerät ins Schwärmen (II, V. 1395 ff.). Paulet unterstellt Maria, dass sie ihre Schönheit benutze, um immer wieder (junge) Männer für ihre politischen Interessen und ihre Befreiung zu gewinnen (I, V. 772ff.), und Burleigh betont ihre dadurch entstehende politische Gefährlichkeit (II, V. 1282 ff.). Aber auch wenn Mortimer behauptet, durch die Schönheit Marias zu ihrem Anhänger geworden zu sein (I, V. 501 ff.), so setzt Maria doch (im Gegensatz zu Elisabeth) nie ihre Reize ein, um Mortimer für ihre Interessen zu instrumentalisieren.

Marias Verhalten

So erscheint Maria als unschuldiges Opfer der politischen Willkür Elisabeths, als gefasste, bußfertige Frau, die ihre früheren Sünden bereut. Betrachtet man Marias Verhalten jedoch genauer, so bekommt dieses Bild einige Kratzer. Als Maria in Mortimer einen Verbündeten erkennt, benutzt sie ihn als Boten für ihren heimlichen Brief an Leicester und unternimmt damit einen „weiteren eigenen intriganten Schritt zu ihrer Befreiung“[26]. Ferner ist Maria ihrem

---

26 Rinnert, S. 52.

Schicksal gegenüber nicht so abgeklärt und gefasst, wie sie im ersten Akt erscheinen mag. Als sie die Erlaubnis erhält, sich im Park von Schloss Fotheringhay aufzuhalten (nicht ahnend, dass es nur der Begegnung mit Elisabeth dienen soll), erwachen in Maria wieder die Lebensgeister und, trotz der Warnung ihrer Amme, die Hoffnung auf Rettung (III, 1). „Die Überschwänglichkeit ihrer Illusion ist“ aber auch „ein Gradmesser für die Intensität ihres Lebenshungers und für die Durchlässigkeit ihrer stoischen Todesethik.“[27]

Begegnung mit Elisabeth

Bei der Begegnung mit Elisabeth, von der sie sich eigentlich eine Begnadigung erhofft, zeigt Maria eine ähnliche Ambivalenz. Zunächst demütigt sie sich vor Elisabeth und ist bereit, auf alle Thronansprüche in England zu verzichten. Sie erwartet allerdings von Elisabeth als gleichberechtigt behandelt und begnadigt zu werden. Als Elisabeth stattdessen im Gefühl scheinbarer Überlegenheit Maria vor Leicester persönlich abwertet und sogar als königliche Hure diffamiert (III, 4), ist es mit Marias Gefasstheit vorbei. Sie lässt ihrem „Groll“ (III, V. 2440) auf Elisabeth freien Lauf, wirft Elisabeth ihrerseits Heuchelei und Triebhaftigkeit vor und schmäht sie als Bastard, der den englischen Thron entweiht. Dieser Thron stehe aber rechtlich nur ihr, Maria, zu. Damit unterzeichnet Maria zwar quasi ihr Todesurteil, erringt aber einen rhetorischen und moralischen Sieg.

Wende in Marias Entwicklungsprozess

Dieser Pyrrhussieg über Elisabeth leitet eine Wende in Marias Entwicklungsprozess ein. Freut sie sich zunächst noch, Elisabeth vor Leicester gedemütigt zu haben (III, V. 2455 ff.), so verfliegt dieses Gefühl schnell. Schon Mortimer gegenüber geht sie nicht mehr darauf ein. Sie verurteilt sogar seinen Befreiungsplan als „Frevel“ (III, V. 2522) und lehnt ihre gewaltsame Rettung ab. Allerdings hofft Maria noch bis zum Verkünden ihres Todesurteils auf Be-

27 Sautermeister, S. 309.

freiung durch Mortimer. Der plötzliche Umschwung von Lebens-/Rettungshoffnung zu Todesgewissheit führt bei Maria zum Reifungsprozess. „Maria Stuarts Durchbruch zu edler Gemütsruhe ereignet sich also erst in dem Moment, als sie die Ausweglosigkeit ihrer Lage erkennt.“[28]

Beichtszene

In der Beichtszene wächst Maria über sich hinaus. Sie bereut ihre früheren Vergehen, nimmt, obwohl sie unschuldig ist, das Todesurteil als Buße für ihre frühere Schuld an (V, V. 3735 f.) und verzeiht sogar Elisabeth. Doch obwohl Maria versichert, ihren Hass und ihre Liebe „Gott geopfert“ (V, V. 3762), sich also von allen irdischen Schwächen befreit zu haben, sind ihre Abschiedsworte an Leicester eher sarkastisch anklagend als gefasst verzeihend (V, V. 3819 ff.). So bleibt Maria Stuart bis zum Schluss die „komplizierteste und facettenreichste Figur des Stücks“[29].

Elisabeth I.

Kontrastfigur zu Maria Stuart

Elisabeth I. ist die Gegenspielerin Maria Stuarts. Schiller stellt die Kontraste klar heraus. Während Maria im Luxus des französischen Hofes aufgewachsen ist, wurde Elisabeth nach der Hinrichtung ihrer Mutter Anna Boleyn von ihrem Vater Heinrich VIII. verstoßen und musste eine harte Kindheit und Jugend, in der sie zeitweise sogar im Tower gefangen gehalten wurde, verbringen. Maria wurde schon fünf Tage nach ihrer Geburt als rechtmäßige Königin anerkannt, Elisabeth hingegen von ihrem Vater von der Thronfolge ausgeschlossen; sie musste sich ihren Thronanspruch hart erkämpfen. Während Maria ihre Liebesneigungen frei auslebte, hat Elisabeth auf ein (offenes) Liebesleben verzichtet und ist von der Gunst des Volkes abhängig. All das hat Elisabeth geprägt. Sie hat die Kunst der

---

28 Rinnert, S. 53.

29 Rinnert, S. 49. Bezeichnenderweise hat Maria im Stück auch keinen Monolog, in dem sie ihr Innerstes offenbart.

Verstellung und der Selbstdarstellung lernen müssen, aber hinter ihrer offiziellen Pose verstecken sich Unsicherheit und Angst.

In der ersten Szene, in der Elisabeth auftritt, präsentiert sie sich vor den französischen Gesandten als mächtige, vom Volk geliebte Herrscherin (II, 2). Sie fühlt sich jedoch vom Volk, das einen König auf dem Thron und einen Thronerben sehen will, gegen ihren Willen zu einer Verbindung mit dem französischen Thronfolger gezwungen (II, V. 1155 ff.). Eine (solche) Ehe empfindet Elisabeth jedoch als „patriarchale Institution, welche das weibliche Geschlecht unterdrückt."[30]

Elisabeths Unzufriedenheit und innere Unsicherheit

Elisabeth leidet darunter, dass sie als Königin ihre Gefühle nicht ausleben darf. Sie beneidet die einfachen Frauen, die ihren Gefühlen folgen dürfen (II, V. 1968 ff.). Da Elisabeth von Schiller als „noch eine junge Frau (...), welche Ansprüche machen darf", also „höchstens 30 Jahre alt"[31] gedacht ist, wird Elisabeths Unzufriedenheit noch verstärkt. Der betont hervorgehobenen Eigenschaft der starken Frau und Herrscherin (u. a. II, V. 1374 f.) steht Elisabeths Zaghaftigkeit und Unsicherheit bei Entscheidungen entgegen. Das zeigt sich nicht nur in ihrer Hinhaltetaktik gegenüber den französischen Brautwerbern, sondern auch bei der Unterzeichnung des Todesurteils von Maria Stuart.

Maria ist das absolute Feindbild für Elisabeth

Maria wird für Elisabeth in fast schon paranoider Ausprägung zum absoluten Feind- und Unheilbild (IV, V. 3235 f.). Neidvoll sieht Elisabeth in Maria all das verkörpert, was sie selbst gern ausleben würde. Politisch gesehen ist Maria in ihrem Land zwar gescheitert, aber mit ihrem Anspruch auf den englischen Thron bleibt sie für Elisabeth eine potenzielle Gefahr. Allein hier kann Elisabeth offiziell ansetzen, um Maria zu vernichten. Aber es ist nicht die politische

30 Rinnert, S. 56.
31 Brief Schillers an Iffland vom 22. 6. 1800; zitiert nach Popp, S. 69.

Gefahr, die Elisabeth primär gegen Maria einnimmt, sondern es sind die Macht ihrer Schönheit und ihr Mut (oder Leichtsinn), Gefühle auszuleben. Beides ist Elisabeth nicht vergönnt. Daher reagiert sie besonders empfindlich, wenn etwa Marias Schönheit gelobt wird (z. B. II, V. 1398 ff.). Auch Leicester gelingt es nur dadurch, Elisabeth zu einem Treffen mit Maria zu überreden, indem er Elisabeth glauben macht, sie würde (mittlerweile) Maria an Schönheit und Anmut übertreffen und damit Maria demütigen können (II, V. 2000 ff.).

Elisabeth weiß, dass Leicester, ihr jetziger Favorit, früher Marias Liebhaber war. Sie erhofft sich, durch Marias Beseitigung Leicester endgültig für sich zu gewinnen und somit ihre weiblichen Minderwertigkeitsgefühle gegenüber Maria zu verlieren. Bezeichnenderweise gipfelt Elisabeths Angriff auf Maria in der Abwertung ihrer Schönheit (III, V. 2413 ff.). Dass Maria dann Elisabeth vor den Augen Leicesters demütigt (indem sie vor allem politische Argumente anführt), macht sie für Elisabeth zur Todfeindin. Nur ihr Tod kann diese persönliche Schmach rächen.

Furcht vor den Folgen eines Todesurteils

Elisabeth muss allerdings die (vor allem) politischen Folgen eines Todesurteils fürchten. Daher versucht sie, sich aus der Verantwortung zu stehlen. Sie ist dafür sogar bereit, Unschuldige zu opfern. Kalt schiebt sie die Schuld ihrem Staatssekretär Davison und sogar dem langjährigen Vertrauten Burleigh zu.

Elisabeth als Verliererin

So steht Elisabeth am Ende zwar politisch als Gewinnerin, moralisch und menschlich aber als Verliererin da. Shrewsbury, ihr langjähriger Minister und Ratgeber, durchschaut ihr falsches Spiel und legt seine Ämter nieder, nicht ohne sie vorher aus Enttäuschung moralisch bloßzustellen. Ihr Geliebter Leicester ist nach Frankreich geflohen. Elisabeth bleibt allein zurück, bezwingt aber ihre Emotionen und bewahrt Haltung.

Robert Dudley, Graf von Leicester

Leicester: Position zwischen Maria und Elisabeth

Leicester steht zwischen Maria und Elisabeth. Ursprünglich hatte er Maria heiraten sollen, aber sein Ehrgeiz strebte nach dem Thron von England; so wandte er sich Elisabeth zu. Mit diesem Selbstbekenntnis gegenüber Mortimer (II, V. 1762 ff.) charakterisiert sich Leicester selbst als skrupelloser Ehrgeizling und Egoist. Sein Handeln bestätigt diese Wesenszüge.

Ehrgeiz und Egoismus

Da sich sein Ziel, über eine Heirat mit Elisabeth König von England zu werden, nicht erfüllt hat, Leicester vielmehr seit über zehn Jahren von Elisabeth hingehalten und benutzt wird, will er sich jetzt wieder Maria zuwenden. Leicester begründet das zwar mit seiner wiedererwachten Liebe zu Maria und mit ihrer Schönheit (II, V. 1808 f.), wahrscheinlicher ist aber, dass er jetzt durch Elisabeths Bereitschaft, eine Ehe mit dem französischen Thronfolger einzugehen, seine Hoffnungen auf den englischen Thron begraben hat. Leicester hofft daher, über eine Verbindung mit der begnadigten Maria wenigstens König von Schottland zu werden. So ist sein Versuch, Maria durch eine Begegnung der beiden Königinnen zu retten, von sehr egoistischen Motiven geleitet.

Mit seiner Einstellung zu Marias Hinrichtung, die er im Staatsrat vertritt, zeigt sich Leicester

Robert Dudley, Graf von Leicester © ullstein bild

als „amoralischer Opportunist“[32]. Auch hier ist der eigene Vorteil das einzige Kriterium seines Handelns (II, V. 1440 f.).

> „Diese Haltung erweist ihn als Vertreter des höfischen Scheins. In dieser entfremdeten Welt zeigt er sich als anpassungsfähiger Höfling, dessen öffentliche, politische Macht sich durch erotische Heucheleien und kunstvolle Intrige manifestiert.“[33]

Bezeichnenderweise ist Leicester ein geschickter Redner, dem es immer wieder gelingt, seinen Kopf durch verbales Geschick aus der Schlinge zu ziehen und Elisabeth über seine wahren Absichten zu täuschen.

Feigheit

Neben Ehrgeiz und Egoismus ist – wie Mortimer schnell erkennt (III, V. 2488) – Feigheit einer von Leicesters Charakterzügen. So opfert er, um sich selbst zu retten, skrupellos Mortimers Leben (IV, V. 2793 ff.); zum Schluss flieht er lieber, als sich vor Elisabeth zu verantworten und sich einem möglichen Hochverratsprozess zu stellen. Im Unterschied zu Elisabeth hat er nicht das Format, Schicksalsschläge mit Haltung zu ertragen. Als Leicester nach der sarkastischen Erniedrigung durch Maria unfreiwillig Ohrenzeuge ihrer Hinrichtung wird, bricht er ohnmächtig zusammen (V, 10).

Mortimer

Mortimers Motive

Mortimer, der Neffe von Marias Bewacher Paulet, scheint, wie Elisabeth und Leicester, ein Meister der Verstellung zu sein, ja er übertrifft beide hierin sogar noch, aber er hat doch (vordergründig?) andere Motive. Für den jungen Mortimer sind Marias Vergehen in Schottland so lange her, dass sie nicht mehr zählen. Im Gegen-

---

32 Leipert, S. 78.
33 Leipert, S. 78.

satz zu den älteren Personen (etwa Elisabeth oder Paulet u. a.) erwähnt er sie überhaupt nicht. Für ihn ist Maria die für ihren Glauben unschuldig inhaftierte Märtyrerin, die zudem noch von der (nach katholischer Lesart) unrechtmäßigen Königin Elisabeth um ihren Thron gebracht wurde.

Auf seiner Reise nach Europa wird der streng puritanisch erzogene Mortimer erstmals mit der katholischen Kirche und dem Papst konfrontiert. Er ist vom äußeren Glanz und Prunk geblendet und fasziniert (I, V. 426 ff.). Es ist aber nicht die katholische Lehre, die Mortimer begeistert, sondern die ungewohnte „sinnliche Pracht“[34] der Kirchenbauten. Zum Parteigänger Marias wird er, als er ein Bild von ihr entdeckt und von ihrem Anblick im Innersten aufgewühlt wird (I, V. 504 ff.). Durch die sehr parteiische Erzählung von Marias Schicksal durch den Bischof von Roße wird Mortimer dann schließlich zum Kämpfer für Marias Befreiung (I, V. 515 ff.).

Auch in seiner Beziehung zu Maria zeigt sich diese merkwürdige, ja schon fast gefährliche Mischung aus Ideal und Sinnlichkeit, die schon bei den Gründen für seine Konversion auffiel:

> „Er verehrt Maria als Märtyrerin der katholischen Sache, fast als ‚Heilige‘, und begehrt sie auch als Frau; er betet in ihr gewissermaßen die Idee der Schönheit an, erkennt auch das Schöne, das Edle ihrer Seele (I, 6) – und demütigt sie gleichzeitig mit Worten, die von Elisabeths ‚gemeiner Schönheit für alle‘ gar nicht so fern sind (III, 6). Für den Sterbenden stehen dann wieder die irdische Maria und die Jungfrau Maria nahezu gleichwertig nebeneinander (IV, 4).“[35]

---

34 Rinnert, S.63
35 Popp, S. 82.

Mortimer will Maria befreien, notfalls auch mit brutaler Gewalt. Er ist sogar bereit, gegen Marias Willen seinen väterlichen Onkel Paulet zu töten (III, V. 2521). Verstärkt durch seine Eifersucht auf den von Maria geschätzten Leicester wird Mortimers Befreiungswunsch immer mehr zum fanatischen Wahn. Je unmöglicher Marias Befreiung wird, desto mehr steigert sich Mortimer in seine Retterrolle hinein (III, V. 2492).

Mortimers Einstellung gegenüber Frauen

Mortimers Einstellung zur Beziehung zwischen Frau und Mann ist machohaft. Der Mann ist der „Gebieter" (II, V. 1929), die Frau hat sich seinem Willen unterzuordnen, notfalls mit Gewalt. Genau diese Einstellung vertritt er gegenüber Maria (III, 6), als sich seine Verehrung Marias in „besitzergreifende sexuelle Raserei"[36] gesteigert hat.

Ende durch Selbstmord

Von Leicester, den er warnen wollte, verraten und das Scheitern einer Befreiung Marias vor Augen, tötet Mortimer sich selbst. In seinen letzten Worten vermischen sich seine Sichtweisen Marias nochmals miteinander: „Geliebte! Nicht erretten konnt ich dich, / So will ich dir ein männlich Beispiel geben. / Maria, heil'ge, bitt für mich!" (IV, V. 2817 ff.)

Georg Talbot, Graf von Shrewsbury

Streiter für Recht und Gerechtigkeit

Graf von Shrewsbury, seit zwölf Jahren Lordsiegelbewahrer Elisabeths und Mitglied des Staatsrates, ist ein altgedienter Politiker, der Elisabeth treu ergeben ist. Das bedeutet allerdings nicht, dass er ihrer Politik und ihren Entscheidungen immer zustimmt. Im Gegensatz zu Burleigh, für den die Staatsräson an erster Stelle steht, tritt Shrewsbury für Recht und Gerechtigkeit ein. Im Staatsrat macht er sich für Marias Begnadigung stark (II, 3), aber nicht, weil er Marias Schuld ignoriert oder sich von ihrer Schönheit blenden lässt, wie

---

36 Rinnert, S. 64.

es ihm Elisabeth unterstellt (II, V. 1398 ff.). Shrewsbury ist gegen die Hinrichtung Marias, weil er erkannt hat, dass der Prozess gegen sie Unrecht war (II, V. 1316 ff.) und zudem nicht fair geführt wurde (II, V. 1351 ff.). Er macht Elisabeth klar, dass sie sich nicht hinter dem Urteil des Parlaments und des Gerichts verstecken kann, sondern selbst das Urteil fällen muss (II, V. 1323 ff.). Elisabeth sei als Königin frei, selbst für oder gegen eine Hinrichtung Marias zu entscheiden. Aber sie sei auch für ihr Urteil und die Folgen selbst verantwortlich.

Als ehemaliger Bewacher Marias hat Shrewsbury Maria kennengelernt und sich ein eigenes Bild von ihr und ihrer Schuld machen können. Er versucht daher, Elisabeth für Marias Begnadigung zu gewinnen, indem er Marias Vergehen aus ihrer Erziehung und Situation, die ganz anders waren als die Elisabeths, zu erklären versucht (II, V. 1377 ff.). Shrewsbury ist ein Befürworter eines Treffens von Elisabeth mit Maria, da er hofft, dass Elisabeth ihre Vorbehalte verlieren und Maria begnadigen wird. Da Shrewsbury sowohl Marias wie auch Elisabeths Temperament kennt, versucht er, Maria auf die für sie unerwartete Begegnung mit Elisabeth vorzubereiten und rät ihr zur Mäßigung (III, V. 2188 ff.).

Nach dem missglückten Treffen der beiden Königinnen und dem Attentatsversuch auf Elisabeth, bei dem Shrewsbury ihr das Leben rettet, behält er einen klaren Kopf und warnt Elisabeth vor den politischen Folgen einer Hinrichtung Marias und der wankelmütigen Volksmeinung (IV, V. 3107 ff.). Shrewsbury weiß, wovon er spricht, denn er selbst hat die aufgebrachte Volksmenge beruhigen können.

Als der Verdacht aufkommt, dass Maria durch die Falschaussage ihres Schreibers zu Unrecht verurteilt wurde, ist Shrewsbury der Einzige, der diesem Verdacht nachgeht. Er tut dies nicht allein, um Maria zu retten, sondern auch, um Elisabeth vor einer Fehlentscheidung zu bewahren (V, V. 3907 ff.). Shrewsbury durchschaut am Ende Elisabeths schäbigen Versuch, die Verantwortung für Marias Hinrichtung Burleigh und Davison zuzuschieben. Er legt seine politischen Ämter nieder und fällt, enttäuscht von Elisabeth, ein vernichtendes Urteil über sie (V, V. 4023 ff. und 4027 ff.).

Wilhelm Cecil, Baron von Burleigh

Vertreter der Staatsräson

Baron von Burleigh ist Großschatzmeister Elisabeths und Mitglied des Staatsrates. Er ist der kalte, emotionslose Vertreter der Staatsräson. Für ihn bedeutet die lebende Maria eine Bedrohung des inneren und äußeren Friedens Englands. Sie muss daher beseitigt werden. Dass Burleigh dafür jedes Mittel recht ist, zeigt sich an seiner Verteidigung des Unrechtsprozesses gegen Maria (I, 7), am Versuch, Paulet zur Ermordung Marias zu bewegen (I, 8) sowie seiner eigenmächtigen Vollstreckung von Marias Todesurteil (V, letzter Auftritt). Als geschickter Redner versucht er zudem bei jeder Gelegenheit, Elisabeth von Marias Gefährlichkeit zu überzeugen und sie zum Unterschreiben und Vollstrecken des Todesurteils zu veranlassen.

Ein Mensch ohne Gefühle

Außer seiner Aversion gegen Leicester zeigt Burleigh keine Gefühlsregungen. Er ist die einzige männliche Figur, die gegen die Schönheit Marias immun ist.

> „Gerade seine gänzliche Unempfindlichkeit für die erotische Anziehungskraft Marias kennzeichnet indirekt seine menschliche Deformation. Insbesondere in dieser ‚Unmenschlichkeit' ist er Modell des human entfremdeten Menschen, der der Funktionalität des modernen Staates dient und umgekehrt diese inhumane Funktionalität ins Werk setzt."[37]

---

37 Leipert, S. 75 f.

Am Ende wird Burleigh selbst zum ‚Opfer'. Weil Elisabeth die politische Verantwortung für die Hinrichtung Marias nicht übernehmen will, bürdet sie Burleigh (und Davison) die alleinige Schuld auf und verbannt ihn vom Hof.

> „Burleigh, der das vermeintliche Staatsinteresse über Recht und Gerechtigkeit setzte, wird ein Opfer seiner Politik und der Königin, die ihren treuen Berater fallen lässt, wenn es ihr persönlich nützlich zu sein scheint."[38]

Hanna Kennedy

Enge Vertraute Marias

Hanna Kennedy ist die Amme Maria Stuarts und ihr treu ergeben. Sie ist die einzige Dienerin und Vertraute, die während der Gefangenschaft bei Maria bleiben darf und sie sogar bis zum Schafott begleitet. Sie kennt alle früheren Verfehlungen Marias. Aus Verständnis und Liebe zu Maria findet sie für diese Vergehen, besonders für Marias Verstrickung in die Ermordung ihres zweiten Mannes, Entschuldigungs- und Schuldminderungsgründe (I, V. 295 ff., 311 ff. und öfter). Hanna kann sich auch erlauben, Marias Beziehung zu Bothwell und deren Folgen durchaus kritisch zu sehen, entschuldigt sie aber doch mit Marias Leidenschaft und sexueller Abhängigkeit (I, V. 325 f., 339 ff., 343 ff. und öfter). Hanna versucht so, die von Selbstvorwürfen geplagte Maria seelisch aufzubauen.

Als Maria, nachdem sie erstmals in den Park von Schloss Fotheringhay darf, in überschwängliche Hoffnung auf Begnadigung ausbricht, ist es ihre Amme, die den realistischen Blick für diese neue, nur scheinbare Hafterleichterung hat und Maria vor zu viel Optimismus warnt (III, 1). Nach dem Streitgespräch zwischen Maria

---

38 Pelster, S. 28.

und Elisabeth erkennt Hanna als Erste, dass Maria damit ihr Todesurteil besiegelt hat (III, V. 2452 f.). Ganz selbstverständlich ist sie bereit, diesen Weg mit Maria zu gehen. Es tröstet und erstaunt sie, dass Maria das Todesurteil so gefasst erträgt (V, V. 3375 ff.). Gemeinsam mit Melvil darf sie Maria auf ihrem letzten Gang zur Hinrichtung begleiten.

Melvil

Melvil ist der ehemalige Haushofmeister Marias. Wie alle anderen treuen Bediensteten Marias musste er sie, als sie in England gefangen genommen wurde, verlassen. Erst an Marias Todestag erhält er die Erlaubnis, sie wiederzusehen, um von ihr Abschied zu nehmen. Er ist von Marias Schicksal tief berührt, will sich aber zusammenreißen, um Maria Kraft und Trost auf ihrem letzten Weg zu geben.

Wiedersehen mit Maria erst am Tag ihrer Hinrichtung

Trotz der langen Trennung hat er immer noch ein sehr enges und vertrautes Verhältnis zu Maria. So vertraut Maria ihm die Überbringung ihrer letzten Wünsche an. Melvil selbst hat sich heimlich zum Priester weihen lassen, um Maria, der der Beistand durch einen katholischen Priester verweigert wurde, die Stärkung der Kirche (Beichte und Eucharistie) zu bringen. Trotz aller Zuneigung zu Maria nimmt er sein priesterliches Amt und das Sakrament der Beichte sehr ernst: Nachdem Maria ihm ihre Vergehen gebeichtet und bereut hat, befragt er sie schon fast inquisitorisch nach ihrer Beteiligung an den Attentaten auf Elisabeth (V, V. 3701 ff.). Erst als Maria ihn überzeugt hat, Elisabeth nie nach dem Leben getrachtet zu haben, also unschuldig zum Tod verurteilt ist, erteilt er ihr die Absolution und spendet ihr die Eucharistie. Die Hostie hat er vom Papst für Maria erhalten und heimlich in ihr Gefängnis geschmuggelt. Als selbstloser Freund und priesterlicher Beistand begleitet er mit Hanna Kennedy Maria auf ihrem letzten Gang zum Schafott.

3.5 Sachliche und sprachliche Erläuterungen

V. 104	**Franzmann**	Franzose (Eindeutschung aus dem 17. Jahrhundert)
V. 426	**der Säulen Pracht und Siegesbogen**	Vermutlich meint Mortimer die Säulen und Sieges-/Triumphbögen aus der römischen Antike
V. 427	**Kolosseum**	römisches Amphitheater; größte antike Ruine Roms
V. 441	**Gruß des Engels**	Darstellung der Verheißung der Geburt Jesu durch den Engel (Luk. 1, 26–38)
V. 442 f.	**die herabgestiegne Dreifaltigkeit**	Mortimer meint vermutlich die Darstellung der „Herabkunft" des Heiligen Geistes an Pfingsten (Apg. 2, 1–4).
V. 443	**die leuchtende Verklärung**	bildliche Darstellung der Verklärung Jesu (Matth. 17, 1–8)
V. 445	**Hochamt**	feierliche, mit Musik und Chorgesang verbundene Messfeier in der katholischen Kirche
V. 473	**Fels der Kirche**	hier: der Papst als Nachfolger des Petrus (Matth. 16, 18)
V. 537f.	**Dass Ihr aus Talbots Schloss hinweggeführt (...) worden**	Von 1569 bis Herbst 1584 wurde Maria Stuart unter der Aufsicht des Grafen von Shrewsbury auf dessen Gütern gefangen gehalten, bevor sie für einige Monate unter die Aufsicht von Sir Ralph Sadler kam. Anfang 1585 wurde sie Sir Paulet übergeben. Von ihm erwartete man größere Strenge. 1585/1586 wechselte Maria so dreimal den Aufenthaltsort, bevor sie am 21.9.1586 in Schloss Fotheringhay, das unter den Tudors als Staatsgefängnis diente, einquartiert wurde.
V. 751	**Der fromme Primas von Canterbury**	John Whitgift (1530–1604), seit 1583 als Erzbischof von Canterbury ranghöchster Geistlicher Englands

	Primas	Höchster geistlicher Würdenträger in der katholischen Kirchenhierarchie eines Landes; die englische Hochkirche behielt diesen Titel bei.
V. 837 f.	**die Kronen (...) zu vermählen**	Nach Elisabeths Tod (1603) erfüllte sich diese Vision Marias: Ihr Sohn wurde König von Schottland und England.
V. 1069	**Brecht den Stab!**	Vor der Vollstreckung des Todesurteils wurde über dem Verurteilten in symbolischer Handlung ein Stab zerbrochen.
V. 1345	**Die auch dem Weib die Herrscherzügel gaben**	In England sind auch die weiblichen Nachkommen erbberechtigt. Diese Regelung war damals äußerst ungewöhnlich.
V. 1354	**Dem alten Manne**	Talbot war zu dieser Zeit etwa 60 Jahre alt.
V. 1578	**Orakel**	hier: Weissagung
V. 1617	**Den alten Mann**	Paulet war zu dieser Zeit etwa 50 Jahre alt.
V. 1722	**Exempel**	Beispiel
V. 1781	**zehen bittre Jahre lang**	Hier untertreibt Leicester. Er war fast seit Beginn ihrer Regierung der Favorit Elisabeths, also etwa 30 Jahre lang.
V. 2357	**gewährte**	gäbe mir Gewähr
V. 2410 f.	**Ihr tötet Eure Freier, Wie Eure Männer!**	Eine kühne und falsche Behauptung Elisabeths; von ihren drei Männern war Maria bestenfalls an der Ermordung ihres zweiten Mannes (Darnley) beteiligt. Die Tötung der Freier bezieht sich wohl auf den Herzog von Norfolk (V. 73 ff.). Diesen hatte Elisabeth allerdings selbst hinrichten lassen.
V. 2508	**Das letzte Sakrament**	das Sterbesakrament, die sogenannte „letzte Ölung" in der katholischen Kirche
V. 3187	**dem höhern Richter**	Gott

V. 3214 f.	**Mich zu vernichten (...).**	Ein Grundsatz von Elisabeths Außenpolitik war, die Vereinigung der katholischen Kontinentalmächte Spanien, Frankreich und Österreich gegen das protestantische England zu verhindern.
V. 3218 f.	**Und offnen (...) Meeren**	Erst nach Marias Tod griff die spanische Flotte, die Armada, England an und wurde 1588 vernichtend geschlagen.
V. 3360	**Seitdem man Euch von unsrer Seite riss**	Auf Anordnung Paulets wurden Melvil und Marias französischer Kaplan de Préau am 21.1.1587 von Maria getrennt.
V. 3509	**Wie steht's um Didier**	Didier war einer der sechs Diener, die auf Marias Bitte hin an ihrer Hinrichtung teilnehmen durften.
V. 3562	**Für dich gestickt**	Für Maria, die eine ausgezeichnete Handarbeiterin war, war Sticken die Hauptbeschäftigung während ihrer Gefangenschaft.
V. 4007	**Drum seid verbannt**	Burleigh fiel nach Marias Tod kurz in Ungnade: Vier Monate lang wurde er nicht an den Hof gerufen.
V. 4008	**Ein strengeres Gericht erwartet Euch**	Davison wurde von Elisabeth zu einer hohen Geldstrafe (die ihn finanziell ruinierte) und zu Gefängnisdauer nach dem Willen der Königin verurteilt. 1589 wurde er aus dem Tower entlassen, erlangte aber bis zu seinem Tod die Gnade Elisabeths nicht mehr.

3.6 Stil und Sprache

ZUSAMMENFASSUNG

Durch die Rückbesinnung auf das klassische Trauerspiel, die Verwendung typisierender, gebundener Sprache sowie die Vielzahl der rhetorischen Figuren beabsichtigte Schiller eine „Re-Intellektualisierung" des Theaterpublikums.

„Unzeitgemäße" Konzeption Schillers

Mit *Maria Stuart* wandte sich Schiller wieder dem klassischen Trauerspiel zu. Nicht nur, dass er hochstehende Personen zu den Haupthandlungsträgern machte, er verwendete auch statt der prosaischen Sprache den Vers. Damit erwies sich Schiller als (scheinbar) „eher unzeitgemäßer Dramatiker"[39], hatte sich doch bereits Lessing in seiner *Hamburgischen Dramaturgie* (59. Stück) gegen das klassische und für das bürgerliche Trauerspiel mit bürgerlichen Handlungsträgern und prosaischer Sprache ausgesprochen. Schiller selbst hatte dieser Dramenform mit seinem Jugenddrama *Kabale und Liebe* zu einem literarischen Höhepunkt verholfen.

Schillers Intention

Dieses Dramenverständnis entsprach aber nicht mehr Schillers ästhetischer Intention. Nicht überwältigende, persönliche Ergriffenheit über das Schicksal der bürgerlichen Helden lag ihm am Herzen. Die „bloße Ausleerung des Tränensacks und eine wollüstige Erleichterung der Gefäße"[40] waren nicht (mehr) seine Absichten. Die Zuschauer sollen zwar Mitleid mit dem tragischen Helden haben, aber auf einer distanzierten, den Verstand nicht ausschaltenden Ebene. So schrieb Schiller über die beabsichtigte emotionale Wirkung seiner Hauptfigur Maria Stuart:

---

39 Reinhard Leipert: *Friedrich Schiller: Maria Stuart*, S. 80.
40 Friedrich Schiller: Über das Pathetische; zitiert nach Andrea Rinnert: *Friedrich Schiller: Maria Stuart*, S. 88.

> „Meine Maria wird keine weiche Stimmung erregen, es ist meine Absicht nicht, ich will sie immer als ein physisches Wesen halten, und das pathetische muss mehr eine allgemeine tiefe Rührung als ein persönlich und individuelles Mitgefühl sein. Sie empfindet und erregt keine Zärtlichkeit, ihr Schicksal ist, nur heftige Passionen zu erfahren und zu entzünden."[41]

Maria Stuart soll also nicht als Individuum das Mitgefühl der Zuschauer wecken, sondern (nur) allgemein-menschliches Mitleid. Schiller charakterisiert und individualisiert seine Figuren daher nicht durch ihre Sprache.

> „Die Sprache ist (...) typisiert und will keine irgendwie durch ihr Leben, Scheinen und Sein definierbare Individuen schaffen, die Menschen, die sie sprechen, stehen als Beispiel für die Gattung Mensch."[42]

Verwendung gebundener Sprache

Auch die Verwendung der gebundenen Sprache zielt in diese Richtung. Schon 1787 hatte Schiller die Prosaversion seines *Wallenstein* in Blankverse umgeschrieben. In diesem Zusammenhang schrieb er an Goethe:

> „Ich habe noch nie so augenscheinlich mich überzeugt als bei meinem jetzigen Geschäft, wie genau in der Poesie Stoff und Form (...) zusammenhängen. Seitdem ich meine prosaische Sprache in eine poetisch-rhythmische verwandle, befinde ich mich unter einer ganz anderen Gerichtsbarkeit als vorher (...).

---

41 Brief Schillers an Goethe vom 18. Juni 1799; zitiert nach Grawe, S. 70.
42 Schiller, Maria Stuart: Sprachliche Form, Rhetorik der Idealisierung; vgl. www.teachsam.de/Maria Stuart (Stand September 2011)

Man sollte wirklich alles, was sich über das Gemeine erheben muss, in Versen (...) konzipieren."[43]

Auch für *Maria Stuart* wählte Schiller den Blankvers. Dieser reimlose, fünfhebige Jambus, den Lessing mit seinem Stück *Nathan der Weise* in die deutsche dramatische Literatur eingeführt hatte, bot Schiller im Gegensatz zum „französischen" Alexandriner mehr Möglichkeiten der sprachlichen Gestaltung.

„Mit seinen ungeraden Hebungen, mit den nicht festgelegten Zäsuren, mit der Reimfreiheit, der variablen Kadenz bei den zehn- bzw. elfsilbigen Versen und mit der Gelegenheit zum Enjambement rhythmisiert der Blankvers mit die dramatische Rede."[44]

Wirkungsabsicht der Sprache

Obwohl der Blankvers normalerweise reimlos ist, durchbricht Schiller diese Regel, indem er an wichtigen Stellen der Handlung Reime einbaut und somit die Sprache „lyrisiert"[45]. Er erreicht damit eine „thematische Pointierung bestimmter Handlungsaspekte und die Intensivierung der Aussage"[46]. Ähnliche Funktion haben auch die vier Lieder in III, 1. Sie schaffen zudem eine „den Zuschauer von der Figur distanzierende Haltung"[47]. Die dadurch beim Zuschauer angestrebte „Freiheit ‚ästhetischer' Rezeption"[48] bildet die Voraussetzung für die von Schiller beabsichtigte ästhetische Wirkung.

---

43 Brief Schillers an Goethe vom 24.11.1797; zitiert nach Hansjürgen Popp: *Lektürehilfen Friedrich Schiller: Maria Stuart*, S. 91.

44 Schiller, Maria Stuart. Sprachliche Form: Ästhetische Theorie und Sprache des Dramas; vgl. www.teachsam.de/Maria Stuart (Stand September 2011).

45 Ebd.

46 Ebd.

47 Friedrich Schiller: Maria Stuart. III, 1: Metrische Strukturen der Lieder; vgl. www.teachsam.de/Maria Stuart (Stand September 2011).

48 Ebd.

Verwendung rhetorischer Figuren

Neben der gebundenen Sprache verwendet Schiller eine große Anzahl rhetorischer Figuren. „Wie sehr Schiller den ‚gemeinen' Sprachgebrauch semantisch und syntaktisch mithilfe von rhetorischen Topen und Figuren stilisiert"[49], zeigt sich beispielhaft schon im ersten Akt beim Streitgespräch zwischen Maria Stuart und Burleigh (I, 7). Hier fährt Schiller von der Alliteration über den Chiasmus und den Parallelismus bis zur Inversion und zur rhetorischen Frage (fast) das ganze Arsenal der rhetorischen Figuren auf. Diese äußerste Stilisierung der Sprache, die man (wenn auch weniger gehäuft) im ganzen Stück findet, hat zur Folge, dass die Figuren nicht reden, sondern Reden halten.[50] Sie „argumentieren nicht, sondern schmücken Argumente aus, bekämpfen einander nicht, sondern führen die Waffen der Rhetorik ins Feld."[51]

Schiller bot dem Theaterpublikum mit seiner *Maria Stuart* also keine so leichte Kost wie die damaligen Publikumslieblinge Kotzebue, Iffland u. a., sondern setzte gegen den „Zerfall des bürgerlich-aufklärerischen Literaturbegriffs"[52] auf die „Re-Intellektualisierung"[53] der Kunst.

> „Gerade Schillers klassische Versdramen sind ohne Zweifel Dokumente dieser ‚Reintellektualisierung', die beim Leser geistige Anstrengung und den weitgehenden Verzicht auf identifikatorische Lektüre voraussetzen. Erst dadurch scheint eine hermeneutisch adäquate Leseweise möglich."[54]

---

49 Leipert, S. 86.
50 Gerd Sautermeister: *Maria Stuart. Ästhetik, Seelenkunde, historisch-gesellschaftlicher Ort*, S. 327.
51 Ebd.
52 Jochen Schulte-Sasse: *Das Konzept bürgerlich-literarischer Öffentlichkeit und die historischen Gründe seines Zerfalls*, S. 108; zitiert nach Leipert, S. 81.
53 Ebd.
54 Ebd.

SPRACHLICHE MITTEL/STIL	ERKLÄRUNG	ERLÄUTERUNG/TEXTBELEG
Blankvers	einheitliche, gehobene Sprache aller Figuren	Sprechweise innerhalb des gesamten Stücks
Enjambement	dient der Auflockerung der Sprache	V. 1404 ff. und öfter
Metaphern/ Personifikationen	stilistische Veranschaulichung des Gesagten	V. 228, 412 f., 942 f., 969, 1978, 2380 und öfter
Antithese	entspricht der Grundstruktur des Dramas	V. 961 und öfter
Stichomythie	dient der schärferen Herausarbeitung und Formulierung unterschiedlicher Positionen	V. 1868 ff. und öfter
Motiv Hitze/ Feuer	dient der Kennzeichnung des gefährlichen und unkontrollierbaren Wesens Maria Stuarts, aber auch der Darstellung der erregten Gefühle anderer Personen	V. 65 f., 840 f., 1401, 2183 V. 417, 2554, 2584 und öfter
Kälte-Motiv	kennzeichnet die emotionale Kälte Elisabeths	V. 2275 ff. und öfter
Sentenzen/ Sinnsprüche	erheben das Gesagte auf die Ebene des Wahren und Sinnhaften, geben ihm Allgemeingültigkeit	V. 894 f., 1323 ff., 1988, 1373 und öfter

3.7 Interpretationsansätze

ZUSAMMENFASSUNG

Interpretatorisch gibt es verschiedene Möglichkeiten, sich Schillers Drama zu nähern. In diesem Kapitel werden einige Interpretationsansätze herausgegriffen und kurz vorgestellt.

Maria Stuart als

- → Märtyrerdrama: Der Autor stellt die Läuterung Marias dar.
- → patriarchalisches Stück: Der Autor kritisiert den Ausbruch aus dem traditionellen Frauenbild.
- → politisches Drama: Der Autor kritisiert die monarchische Herrschaftsform.
- → psychologische Studie: Der Autor personifiziert die kontrastierenden Aspekte einer Person.
- → klassisches Ideendrama: Der Autor beschreibt die Selbstüberwindung und die Gewinnung innerer Freiheit.

Maria Stuart als Märtyrerdrama

Einordnung in die Tradition barocker Dramen

Lange Zeit wurde *Maria Stuart* als Läuterungsdrama, das in der Tradition der barocken Märtyrerdramen steht, gesehen.[55] Nicht nur, dass der Maria-Stuart-Stoff in mehreren Dramen des 17. und 18. Jahrhunderts so interpretiert wurde – das berühmteste Drama dieser Art war wohl Vondels *Maria Stuart of gemartelde Majesteit* von 1646 –, auch Schiller hatte sich als Inspiration und Quelle zu seiner *Maria Stuart* mit diesen Märtyrerdramen beschäftigt (siehe Abschnitt 3.1). Zudem wird Marias Schicksal gleich zu Beginn von Schillers Drama als „Märtyrtum“ (I, V. 516) benannt. Ganz im Sinne der Märtyrerdramen wird Maria vom Bischof von Roße als

55 Vgl. hierzu etwa Benno von Wiese: *Friedrich Schiller.*

„Ikone katholischen Märtyrertums mit konfessionell-propagandistischer Wirkung“[56] auf Mortimer vorgeführt.

Die Handlung als Läuterungsprozess

Die Nähe zum Märtyrerdrama – wenn auch in säkularisierter Form – ergibt sich aber erst recht, wenn man die Handlung in *Maria Stuart* als Läuterungsprozess sieht, den die Titelfigur durchläuft, um am Ende als Heilige, die der irdischen Welt entsagt (vgl. V, V. 3815 ff.), zu erscheinen.[57] Diese Interpretation stellt allerdings die religiöse Sichtweise des Dramas überdominant in den Mittelpunkt. Die jüngere Forschung steht ihr deshalb recht kritisch gegenüber. So weist Karl S. Guthke mit Recht darauf hin, dass Maria nur sehr eingeschränkt und bestenfalls am Schluss eine Läuterung vollzogen hat. Zu oft nimmt sie dem Wortlaut nach Abschied von der Welt, um sich dann doch wieder „affektbestimmt in Hass und Liebe der Welt der Politik und des Eros“ zuzuwenden.[58]

Maria Stuart als patriarchalisches Stück

Kein Emanzipationsstück, sondern Darstellung des Scheiterns beider Protagonistinnen

In Schillers Drama tritt Elisabeth I. in einer für die damalige Zeit ungewöhnlichen Position auf: Sie ist alleinige Herrscherin eines Landes. Als Politikerin ist sie zudem sehr erfolgreich und beim Volk beliebt. Aber *Maria Stuart* ist nur auf den ersten Blick ein Emanzipationsstück. Sieht man genauer hin, erkennt man schnell, dass Schiller vielmehr eine „Tragödie des Patriarchalismus“[59] geschrieben hat.

Vordergründig ist Elisabeth eine emanzipierte Frau, die sich ihre Position in einer Männergesellschaft selbst erkämpft hat. Auf Sprüche über die Schwachheit der Frau reagiert sie daher allergisch (II, V. 1373 ff.). Erkauft hat sie sich ihre Position aber mit

---

56 Große, S. 190.
57 Vgl. ebd.
58 Karl S. Guthke: *Schillers Dramen*, S. 232.
59 Sautermeister, S. 292.

der Unterdrückung ihrer Weiblichkeit. Auf die Männer wirkt sie zu männlich und unerotisch (II, V. 1645 ff.). Obwohl Elisabeth ihre Freiheit liebt und die Ehe als Fessel (II, V. 1210 f.) und als männliches Unterdrückungsinstrument der Frau empfindet (V. 1183 f.), beneidet sie Maria, die ihre erotischen Bedürfnisse voll ausgelebt hat (II, V. 1974 ff.). Umso empfänglicher ist Elisabeths „zerbrechliches erotisches Selbstbewusstsein“[60] für männliche Schmeicheleien. „In diesem Punkt bleibt sie Gefangene patriarchalischer Wertsetzungen.“[61] Elisabeth merkt dabei nicht, wie Leicester sie dadurch für seine Zwecke ausnutzt und instrumentalisiert.

Während Elisabeth ihre Emanzipation mit der Verkümmerung bzw. Unterdrückung ihrer Weiblichkeit bezahlt, bezahlt Maria das Ausleben ihrer Weiblichkeit mit ihrem Scheitern als Königin. „Keiner der beiden Frauen ist eine Synthese gelungen. Vernachlässigt Elisabeth die Frau in der Regentin, so vernachlässigt Maria die Regentin in der Frau:“[62]

Propagieren des damaligen Frauenbildes

Indem Schiller zeigt, dass beide Königinnen am Ausbruch aus ihrer natürlichen Rolle als Frau scheitern, propagiert er in seinem Drama das bürgerliche Frauenbild der Zeit mit seiner klaren Rollenverteilung. Männliche Aufgaben (hier besonders das politische Herrschen) sind keine Frauensache. Beim Ausbruch aus ihrer natürlichen Rolle wird die Frau scheitern.[63]

Maria Stuart als politisches Drama

Den „poetischen Kampf mit dem historischen Stoff“[64], den er bei der Arbeit an *Maria Stuart* zu bestehen hatte, hob Schiller 1799 in

---

60 Ebd, S. 295:
61 Ebd., S. 295:
62 Ebd, S. 298 f.
63 Vgl. zu Schillers Rollenbild der Frau auch seine diesbezüglichen Aussagen im *Lied von der Glocke*.
64 Brief Schillers an Goethe vom 19. Juli 1799; zitiert nach Grawe, S. 71.

einem Brief an Goethe hervor. Schiller hat sich in diesem „Kampf" zwar zugunsten der Poesie viele historische Freiheiten erlaubt[65], aber keinesfalls ein unpolitisches Drama geschrieben.

Zielsetzung Schillers: Reflexion der aktuellen politischen Situation seiner Zeit

Die Hinrichtung einer Königin war Schiller und seinen Zeitgenossen in schlechter, schockierender Erinnerung, war doch die Enthauptung der französischen Königin Marie-Antoinette beim Erscheinen der *Maria Stuart* gerade knapp neun Jahre her.[66] So fühlten sich die Zuschauer beim Schicksal Maria Stuarts an das der französischen Königin erinnert.

> „Verlust des Königtums, Gefängnishaft, Anklage wegen vermeintlichen Hochverrats und Hinrichtung bilden in beiden Fällen die Stationen eines tragischen Sturzes aus den Höhen des monarchischen Glanzes."[67]

Auch das Bild der verführerischen Schönheit traf auf beide Königinnen zu. Schiller ging es also nicht nur um eine literarische Bearbeitung eines historischen Stoffes, sondern um Reflexion der (zu seiner Zeit) aktuellen politischen Situation. Die Französische Revolution mit ihrem Umsturz des bisherigen politischen Systems war für Schillers Zeitgenossen das prägende politische Ereignis gewesen. War Schiller zwar (auch aufgrund eigener schlechter Erfahrungen) ein Gegner des Absolutismus, so hatte er doch auch während und in der Folge der Französischen Revolution erfahren müssen, wie wankelmütig und beeinflussbar der Volkswille ist. In *Maria Stuart* warnt Shrewsbury Elisabeth mehrmals vor dieser Gefahr (u. a. IV, V. 3120 ff.) und erlebt sie auch persönlich (IV, V. 3252 ff.).

---

65 Vgl. die diesbezüglichen Ausführungen u. a. bei Geist, S. 50 f.
66 Marie-Antoinette wurde am 16. Oktober 1793 öffentlich hingerichtet.
67 Peter-André Alt: *Ästhetik des Opfers*, S. 197.

Volkswille vs. Herrscherwille

Die Alternative zum Volkswillen ist der Herrscherwille. Schiller stellt in seinem Drama sowohl die absolutistische als auch die konstitutionelle/parlamentarische Variante des Königtums dar. Geprägt durch die in der Folge der Französischen Revolution realisierte freie politische Denkweise lehnt Schiller die absolute Herrschaft ab und sieht auch die konstitutionelle Variante kritisch. So markiert *Maria Stuart* „den historischen Ort (...), an dem weder die Berufung auf das Gottesgnadentum des Monarchen noch das erbliche Prinzip der traditionellen Herrschaftslegitimierung ausreicht."[68] Daher befürwortet Schiller Maria Stuarts Legitimationsanspruch auf den Thron auch nicht, sondern zeigt ihn als „Versuchung (...), der sie zu ihrem Verderben unterliegt."[69] Selbst ihre treue Amme, die meist Entschuldigungsgründe für ihr Verhalten findet, kann nicht leugnen, dass Maria durch schweren Missbrauch ihrer ererbten Königsmacht und Verstoß gegen die Gesetze nicht ganz zu Unrecht durch das Volk vom schottischen Thron verjagt wurde (vgl. I, V. 335 ff.).

Die vom Volkswillen (Parlament) legitimierte Herrscherin Elisabeth I. scheint zunächst die bessere Alternative zu sein. Ihre Regierung hat Frieden gebracht. Das Volk verehrt und liebt sie (II, V. 1426). Doch auch Elisabeth zeigt absolutistische Züge. So beugt sie willkürlich das Recht, um eine primär persönliche Gegenerin zu beseitigen; wie ein absoluter Herrscher ist sie auch nicht bereit, die Verantwortung dafür zu übernehmen.

> „Weil sie den uneingeschränkten Souveränitätsanspruch mit erzwungenen Rücksichten auf die öffentliche Meinung zu verbinden sucht, ohne die individuelle Autorität zur verantwortungsvollen Rollengestaltung zu besitzen, steht sie am Ende als poli-

---

68 Große, S. 191
69 Ebd.

tisch und menschlich Gescheiterte vor dem Tribunal des Publikums."[70]

Burleigh betont zwar, dass die höchste Pflicht die Wohlfahrt des Volkes sei (IV, V. 3182) – aber wie sieht diese Wohlfahrt unter einem solchen politischen System aus? Seine Staatsräson legitimiert Rechtsbeugung und Willkür. Die Angst vor der Unberechenbarkeit des Herrschers, eigentlich ein auch Schiller bekanntes Merkmal des Absolutismus, ist in der konstitutionellen/parlamentarischen Monarchie noch nicht überwunden. Aus dem Schicksal Davisons, der diese Willkür erfahren muss, soll/kann der Zuschauer eigentlich nur, ganz im Sinne Schillers, die Folgerung ziehen, über seine Wohlfahrt selbst bestimmen zu wollen.

Schiller kritisiert in *Maria Stuart* also nicht nur die monarchische Herrschaft in den damals bekannten Formen der absoluten und konstitutionellen Monarchie, sondern legt dem Zuschauer – ganz im Sinne des freiheitlichen politischen Denkens der Französischen Revolution – eine neue Lösung vor: „Volkssouveränität; die vom Volk selbst bestimmte, nicht die ihm verordnete ‚Wohlfahrt'."[71]

Maria Stuart als psychologische Studie

Das Treffen der beiden Königinnen im Zentrum der Interpretation

Den nicht nur formalen Mittelpunkt des Dramas bildet die Begegnung der beiden Königinnen Maria Stuart und Elisabeth I. (III, 4). Sie entscheidet über Marias weiteres Schicksal und bringt ihr zwar den moralischen Sieg, aber auch die physische Vernichtung.

Ilse Graham erweitert die bisherigen Interpretationen dieser Szene um eine neue, psychologische Sichtweise. Für Graham sind Elisabeth und Maria „nicht zwei getrennte Personen"[72], sondern „jede

70 Alt, S. 504.
71 Sautermeister, S. 320.
72 Ilse Graham: *Schiller's Drama*, S. 152; zitiert nach Grawe, S. 211 f.

von beiden (...) ist die greifbare Verkörperung derjenigen Triebe, die in der anderen nicht entfaltet und internalisiert sind."[73] In ihrer Begegnung trifft jede von beiden in der anderen auf den unterdrückten Teil des eigenen Ichs. Für Elisabeth verkörpert die eingekerkerte Maria einmal ihre eigene Gefangenschaft während der düsteren Jugend, zum anderen ist Maria für sie aber auch die Verkörperung ihrer geheimen oder nur heimlich ausgelebten erotischen Wünsche. Bezeichnenderweise versucht Elisabeth bei ihrer Begegnung, Marias Schönheit sowie das Ausleben ihrer erotischen Bedürfnisse und Wünsche abzuwerten (III, u. a. V. 2413 ff.). Andererseits ist für Maria, so Graham, Elisabeth die Verkörperung ihres eigenen, nur schwach ausgebildeten Gewissens.

„Der Riss geht durch eine Person. Die Sinnlichkeit des süßen Luders Maria mit seinen geübten Verlockungskünsten korrespondiert mit Elisabeths amoralischem Behauptungswillen, geläuterte Leidenschaft mit der Arroganz einer Enttäuschten, milde, verklärte Sanftheit mit der Kälte einer Vereinsamten."[74]

Das Hauptproblem, dem sich die beiden Königinnen bei ihrer Begegnung stellen müssen, ist, nach dieser Deutung, sich mit dem ungeliebten, verdrängten Teil der eigenen Persönlichkeit auseinanderzusetzen und ihn zu akzeptieren. „Denn nur, wenn beide sich mit dem versöhnen, was sie innerlich abgelehnt haben, können sie seelisch ein lebensfähiges Ganzes werden."[75]

Maria Stuart als klassisches Ideendrama

Schiller geht es in seiner *Maria Stuart* nicht nur um politische, psychologische und gesellschaftliche Problemstellungen, sondern

---

73 Ebd., S. 152.
74 Ferdinand Piedmont (Hrsg.): *Schiller spielen*, S. 236.
75 Graham, S. 155.

auch um moralphilosophische und ästhetische Aspekte. In seinen ästhetischen Schriften, wie *Über die ästhetische Erziehung des Menschen* und *Die Schaubühne als moralische Anstalt betrachtet* entwirft Schiller eine moralisch-ästhetische Theorie, „die eine Überwindung des von Kant überlieferten Dualismus zwischen Trieb und Vernunft, Gesetz und Natur, empirischem und intelligiblem Selbst anvisiert."[76]

Moralphilosophische und ästhetische Aspekte des Dramas

In *Maria Stuart* veranschaulicht Schiller die Umsetzung dieser Theorie. Indem sich Maria in der Todesstunde von ihrem bisherigen Leben löst und bereit ist, durch den „unverdienten Tod" die „frühe schwere Blutschuld abzubüßen" (V, V. 3735 f.), löst sie sich von inneren Zwängen und wird „frei von unsittlichen Impulsen"[77]. Sie wird so zur „schönen Seele"[78]. In der Todesstunde ist es ihr also gelungen, die „Differenz zwischen äußerer Vollkommenheit und menschlicher Unvollkommenheit"[79] zu überwinden. „Jetzt wetteifern die königliche Schönheit ihrer Gestalt und der Adel ihrer Menschlichkeit harmonisch miteinander."[80] Äußerlich zeigt Schiller diese neu erworbene Würde Marias in der Reinheit ihres weißen Kleides (vgl. Regieanweisung vor V, 6) und dadurch, dass sie im letzten Akt ihren Besitz zurückerhalten hat, sodass ihr Zimmer quasi zum Palast für ihren jetzt erworbenen, seelischen Adel wird. Ihre neu errungene, innere Freiheit befähigt sie, gelassen und gefasst die ungerechte Hinrichtung auf sich zu nehmen.

---

76 Sautermeister, S. 320.
77 Geist, S. 40.
78 Das ist Schillers Bezeichnung für einen Menschen, dem es gelungen ist, Pflicht und Neigung zu vereinen, der also dem Gefühl vertrauen kann, um moralisch zu handeln. Vgl. Geist, S. 38.
79 Sautermeister, S. 320.
80 Ebd.

4. REZEPTIONSGESCHICHTE

ZUSAMMENFASSUNG

- → Die frühen Rezensionen kritisieren besonders die Beicht- und Abendmahlsszene als blasphemisch.
- → Im 19. Jahrhundert beginnt eine Entpolitisierung und Psychologisierung.
- → Nach dem Zweiten Weltkrieg stehen Politisierung und Regietheater im Vordergrund.
- → Heute kehrt man zu texttreuen Inszenierungen zurück.

Reaktionen auf die Uraufführung

Schiller war mit der Aufnahme seines Stücks *Maria Stuart* durchaus zufrieden. So schrieb er über die Uraufführung: „(...) vorgestern ist sie gespielt worden und mit einem Success, wie ich ihn nur wünschen konnte." Die Kritiken der Uraufführung schwankten jedoch zwischen höchstem Lob und starken Vorbehalten. Besonders kritisch wurden das Streitgespräch zwischen den beiden Königinnen (III, 4), die Verführungsszene Mortimers (III, 6) und die Abendmahlsszene (V, 7) gesehen. Ein anonymer Rezensent lobt zwar die Bedeutung der Begegnungsszene der beiden Königinnen, bemängelt an ihrem Streitgespräch aber, „dass sich die beiden Königinnen wie Fischweiber zanken".[81] Nach der Berliner Aufführung am 8. Januar 1801 regte sich die „Vossische Zeitung" über die „viehische Sinnlichkeit"[82] Mortimers in der Verführungsszene (III, 6) auf; die staatliche Zensur griff die Abendmahlsszene als blasphemisch an. Schon vor der Uraufführung hatte der Weimarer Herzog

81 *Einige Briefe über Maria Stuart und über die Aufführung derselben am Weimarschen Hoftheater.* Jena 1800; zitiert nach Grawe, S. 138.

82 Vgl. Houben: *Verbotene Literatur von der klassischen Zeit bis zur Gegenwart I*, 1923; zitiert nach Grawe, S. 159.

Karl August diese Szene beanstandet. Besonders in katholischen Gegenden bekam das Stück in der Folgezeit oft Schwierigkeiten mit der Zensur. In Österreich etwa wurde die Aufführung erst 1814 im Rahmen des Unterhaltungsprogramms für die Teilnehmer des Wiener Kongresses, nachdem es von allen Anstößigkeiten gereinigt worden war, erlaubt.

So konnte sich Schillers *Maria Stuart* an den deutschen Theatern nur zögernd etablieren, aber „immer dann, wenn diese anfängliche Befangenheit gegenüber der Tragödie abgelegt wurde, konnte das Stück seinen Siegeszug an den deutschen Bühnen antreten."[83]

19. Jahrhundert

Im 19. Jahrhundert begann die Entpolitisierung und Psychologisierung von Schillers Drama. *Maria Stuart* wurde primär zu einem reinen Charakterstück, zu einem „Starrollendrama", „in dem zwei Schauspielerinnen brillieren konnten."[84]

Nationalsozialismus

Während der Zeit des Nationalsozialismus gehörte *Maria Stuart* zu den unproblematischen Werken Schillers; es wurde weder Gedankenfreiheit eingefordert, wie bei *Don Karlos*, noch ging es um Tyrannenmord, wie bei *Wilhelm Tell*. Allerdings wurde der im Stück vertretene Freiheitsbegriff im Sinne der nationalsozialistischen Ideologie uminterpretiert:

> „Ihm widerfuhr eine Umdeutung in heroische Pflichterfüllung, in aufopferungsvolle Eingliederung in die Volksgemeinschaft, sprich: vorbehaltlose Unterwerfung unter den Staat."[85]

Nach dem Zweiten Weltkrieg

Nach dem Zweiten Weltkrieg gab es unterschiedliche Sichtweisen von Schillers Stück in der DDR und in der Bundesrepublik. So stellte die DDR in ihren Aufführungen zumeist das progressive Königtum

---

83 Große, S. 177.
84 Ebd., S. 178.
85 Rinnert, S. 111.

Elisabeths gegen das reaktionäre Maria Stuarts heraus, nicht ohne dabei beide als überkommene Herrschaftsformen der Klassengesellschaft zu kritisieren.

In der Bundesrepublik kann man bei den Aufführungen nach 1945 eine immer stärkere Tendenz weg von den werktreuen Inszenierungen hin zum Regietheater beobachten.

> „Also von überzeitlichem Abstand zu radikaler, auch politischer Aktualisierung, von höfischer Formstrenge zu Auflösung aller Konventionen, von Milieutreue zu rücksichtsloser Verfremdung, von historischem Kostüm und Bühnenraum zu Modernisierung beider."[86]

Bei diesen Inszenierungen, die von der Kritik überwiegend negativ beurteilt wurden, kam es zudem nicht selten zu einer (zu) starken Verkürzung von Schillers Intention und häufig auch zu einer pseudomodernen Veränderung seiner Sprache.

21. Jahrhundert

Im 21. Jahrhundert scheint sich die Tendenz der Inszenierungen, neben einigen modern-entstellenden Aufführungen des Regietheaters (etwa die Weimarer Inszenierung von 2006), wieder mehr in Richtung respektvoll-texttreuer Inszenierung zu verschieben.[87] (siehe auch Abschnitt 5).

---

86 Grawe, S. 193.

87 Vgl. hierzu Grawe, S. 194 ff. sowie die Kritiken zur Aufführung des Stadttheaters Trier vom Oktober 2011.

5. MATERIALIEN

Maria Stuart in der heutigen Zeit aufzuführen ist immer eine Gratwanderung zwischen Tradition und Moderne. Reinhardt Stumm betont in seiner Rezension von Jost Langhans' Inszenierung des Stücks auf der Goetheanum-Bühne in Dornach (Schweiz) vom Jahr 2005 die Bedeutung der beiden weiblichen Hauptpersonen:

„*Maria Stuart* steht und fällt mit den beiden Frauenrollen, steht und fällt mit der Kunst, das Doppelbödige, das Mehrdeutige in ihnen zu finden. Privates mischt sich mit Politischem, Gewissen mit Gewissenlosigkeit, Angst mit Mut, Zuversicht mit Hoffnungslosigkeit. Zorn und Verzweiflung sind ebenso Motoren der Handlung wie Neid und Eifersucht.

Wenn Schiller als Theaterautor heute so berühmt ist wie zu seinen Lebzeiten, dann hat das damit zu tun. Menschen auf der Bühne sind langweilig, wenn sie, wie die modischen Musterpuppen von heute, das Programm herunterbeten, das wir ihren Erfindern abkaufen sollen, sie sind dann spannend, wenn alles schiefgeht, wenn es kein Programm gibt, keinen Ausweg, keine Lösung des Problems – und also ein bisschen so wie bei unseren Nachbarn oder am Ende bei uns selbst."[88]

Dass eine moderne, zeitkritische Inszenierung des Stücks das Publikum heute nicht mehr provozieren kann, macht Ulrich Bergmann in seiner Kritik deutlich. In seiner launischen Besprechung der Inszenierung von Andreas Studnitz an den Bonner Kammerspielen (2001) kritisiert er besonders den Rückgriff des Regisseurs auf eine ehemals tabuverletzende Bildsprache:

---

88 Reinhardt Stumm: *Legt's zu dem Übrigen!;* zitiert nach www.teachsam.de/Maria Stuart (Stand Oktober 2011).

Königin Elisabeth steigt im Panzerkleid als Glamour-Star die steile Treppe zur Show hinauf. Die Show ist die Staatspolitik. Irgendwie stimmt das ja auch. Die Minister benehmen sich in ihren grauen Anzügen wie die feinen Zuhälter der sogenannten freien Marktwirtschaft. Na gut. Sie nehmen der Königin das Blech von der Seele und stellen es scheppernd ab. Da steht die blonde Venus nun auf den Stufen ihrer moralischen Treppe abwärts.

Leicester will hoch. Er will Maria und Elisabeth, am liebsten die schöne Maria. Leicester betrügt beide Königinnen gleichzeitig. Leicester ist ein richtiges Arschloch. Da steht sein aufrechter Wille. Er reißt sich die Kleider vom Leib, während er die Stufen hinaufstürzt, und wirft sein nacktes Fleisch der englischen Königin zum Fraß vor. Im schönen Schein der Bühne regnet es immer wieder mal in feinen Schwaden. Wahrscheinlich ist nicht das englische Wetter gemeint, sondern Spermienregen. In diesem Klima sieht die Welt sehr schön aus.

Nach dem Streit der Königinnen, in dem beide ihre Hormone freilegen, kann Mortimer seine Geilheit nicht mehr zähmen. Er lässt die Hose fallen wie eine Maske, das Arschloch fällt über Maria her, aber er steht die Nummer nicht durch. (...) Maria ist auch nicht viel besser. Sie bleibt bis zum Schluss, was sie am Anfang war: ein schwaches Weib. Kein Erkenntnisprozess, keine echte Läuterung ist dieser Aufführung zugestanden. Sie darf die Treppe, auf der Elisabeth in unsere Realität hinabstieg, nicht als moralische Siegerin hinaufsteigen, zu stark oder ironisch sind die Striche.

Andreas von Studnitz zeigt uns in seiner leicht moralistischen Veranstaltung: Der Mensch ist schlecht. Er will Macht und Geld. Er liebt nur sich. Er hat keine Ideale. Er kennt nur Intrigen. Er ist geil. Er denkt mit dem Schwanz. Seine Seele liegt irgendwo zwischen zwei Löchern. Der Mensch ist ein Arschloch. Es gibt kein Ich, es gibt nur Es. Wir sind alle nur Zuhälter, geile Freier, Nutten und

Stricher. Ja, Andreas von Studnitz kennt die Welt, wie sie wirklich ist! Er zeigt Schiller, was eine Harke ist! Idealismus ist nur Lüge oder Selbstbetrug! (...)

Diese Inszenierung war so gesehen fürn Arsch. Für die Ärsche im Publikum. Sie ging irgendwie am Arsch der Welt vorbei, am Arsch im Kopf, der solche Inszenierungen schon in den 70er Jahren sah, als das Regietheater die Klassiker zertrümmerte, Tabus in der moralischen Anstalt brach und den verstaubten Bildungsbürger vom Sockel stieß. Da war Andreas von Studnitz ein kleiner Junge. Jetzt holt er die nackten Ärsche wieder aus der Mottenkiste. Das Bonner Publikum war ja nicht geschockt, sondern schlecht amüsiert."[89]

Einen ganz anderen Zugang zu *Maria Stuart* und ihrem Schicksal gibt Mike Oldfield in seinem Lied *To France* aus dem Jahr 1984. Der Text verschweigt nicht Marias negative Seite und ihre Naivität, deutet aber auch ihre Verlorenheit an. Der englische Originaltext ist im Internet zu finden. Die sinngemäß beste deutsche Übersetzung ist die Version von Christian Pfarr.

89 aus: *Philotast. Kritisches Online-Magazin zu Gesellschaft, Kunst und Kultur*; zitiert nach www.teachsam.de/Maria Stuart (Stand Oktober 2011).

6. PRÜFUNGSAUFGABEN MIT MUSTERLÖSUNGEN

Unter www.königserläuterungen.de/download finden Sie im Internet zwei weitere Aufgaben mit Musterlösungen.

Die Zahl der Sternchen bezeichnet das Anforderungsniveau der jeweiligen Aufgabe.

Aufgabe 1 *

In ihrer Verteidigungsrede (I, 7) erweist sich Maria Stuart als geschickte Rednerin, die zudem gute Kenntnisse des englischen Rechtssystems hat.

1. **Arbeiten Sie heraus, womit Maria die Unrechtmäßigkeit ihrer Verurteilung begründet.**
2. **Wie versucht Burleigh, Marias Argumente zu entkräften?**

Mögliche Lösung in knapper Fassung:

zu 1.

→ Maria ist nicht, wie es das englische Recht vorschreibt, von ihr gleichrangigen Geschworenen gerichtet worden (V. 702 f.).

→ Sie ist keine englische Bürgerin, sondern Königin eines fremden Staates und untersteht damit nicht dem englischen Gesetz (V. 726 f.).

→ Maria will sich nicht der Gerechtigkeit entziehen, lehnt jedoch ihre Richter ab (V. 735 f.), weil sie nicht unabhängig nach Recht und Gesetz urteilen, sondern nach dem Willen des Herrschers (V. 771 ff.).

→ Sie warnt Burleigh, die Staatsräson nicht über die Gerechtigkeit zu stellen (V. 791 ff.).

- → Nach altem Recht dürften keine protestantischen englischen Richter über katholische Schotten zu Gericht sitzen (das gilt auch umgekehrt), da sie befangen seien (V. 824 ff.).
- → Maria verlangt Beweise für die Anklage ihrer Beteiligung an Aufruhr und Bürgerkrieg in England (V. 842 und öfter) sowie eine Gegenüberstellung mit den Zeugen der Anklage, wie das Gesetz es vorschreibt (V. 909).
- → Sie behauptet, die Zeugenaussagen seien nur unter der Folter entstanden (V. 896 ff.).
- → Marias Gefangenschaft in England widerspreche dem Völkerrecht (V. 937).
- → Sie habe das Recht, mit legalen Mitteln um ihre Thronansprüche in England zu kämpfen, da sie aufgrund des englischen Verhaltens keine Verpflichtungen gegenüber England habe (V. 935 ff.).
- → Sie wirft England vor, dass keine Gewaltentrennung zwischen Legislative und Judikative eingehalten werde (V. 860).
- → Elisabeth könne sie, da kein rechtmäßiger Grund für ihre Verurteilung vorliege, nicht richten, sondern nur ermorden lassen (V. 971).

ZU 2.

- → Maria habe sich bei der Gerichtsverhandlung nicht beschwert; ihre Ablehnung der Geschworenen sei daher jetzt nur „leere Förmlichkeit" (V. 717).
- → Maria lebe in England, genieße hier Schutz und Recht und sei dadurch der englischen Herrschaft unterworfen (V. 719). Das englische Gesetz gelte zudem für alle Bewohner Englands (V. 728 ff.).
- → Burleigh wirft Maria Anstiftung zum Bürgerkrieg vor und verweist auf ein neues Gesetz, das nicht nur die Attentäter auf den Herrscher, sondern auch denjenigen, zu dessen Gunsten es geschieht, bestraft. Sie sei daher auf jeden Fall zum Tod zu verurteilen (V. 849 ff.).

→ Burleigh versucht, durch allgemeine Umsturzunterstellungen Marias Todesurteil zu rechtfertigen (V. 929 ff.).

Aufgabe 2 *

Am Tag ihrer Hinrichtung kommt auch Marias ehemaliger Haushofmeister Melvil, um von ihr Abschied zu nehmen. Arbeiten Sie seine Motive und seine Sicht Marias heraus.

Mögliche Lösung in knapper Fassung:

MELVILS MOTIVE

→ Melvil will als treuer Diener Marias, der gezwungen war, sie nach ihrer Verhaftung zu verlassen, von ihr Abschied nehmen (V. 3353 f.).

→ Er will ihr auf ihrem Weg zum Schafott durch sein gefasstes Beispiel Mut und Kraft geben (V. 3371 ff.).

→ Melvil hat sich heimlich zum katholischen Priester weihen lassen, um Maria die Stärkung der Sakramente der katholischen Kirche (Beichte und Eucharistie) bringen zu können (V. 3651 ff.).

→ Er möchte wissen, ob Maria unschuldig am Attentat auf Elisabeth ist (V. 3711 ff.).

MELVILS SICHT MARIAS

→ Er hält Maria für nicht stark genug, um gefasst zum Schafott zu gehen (V. 3371 ff.).

→ Melvil weiß um Marias seelische Not, vor ihrem Tod keinen Beistand durch einen Priester ihrer Kirche zu haben (V. 3651 ff.).

→ Er kennt Marias bisheriges Leben und ihre in Schottland begangenen Vergehen (V. 3672 ff.).

→ Melvil traut Maria die Beteiligung oder zumindest das Wissen von den Attentaten auf Elisabeth zu. Trotz der Aussage der Frau von Marias Sekretär über das falsche Zeugnis ihres Mannes

(V. 3439 ff.) ist sich Melvil nicht sicher, ob Maria nicht zu Recht verurteilt wurde (V. 3715 f.).

Aufgabe 3 **

Immer wieder versuchen ihre Anhänger, Maria Stuart zu befreien. Das Stück stellt in Mortimer einen dieser Verschwörer vor.

1. **Arbeiten Sie Mortimers Motive heraus.**
2. **Zeigen Sie auf, wie er Maria befreien will.**
3. **Erläutern Sie, warum Mortimers Befreiungsversuch scheitert.**

Mögliche Lösung in knapper Fassung:

zu 1.

→ Äußerlich-religiöse Gründe: Er ist aus schwärmerischer Begeisterung für ihr glanzvolles Erscheinungsbild zur katholischen Kirche konvertiert, die Maria als rechtmäßige englische Königin sieht.

→ Politische Gründe: In Reims ist er durch die Anhänger Marias von ihrem Anspruch auf den englischen Thron überzeugt worden.

→ Persönliche Gründe: Mortimer hat sich durch ein Bild Marias in sie verliebt; ihr Schicksal rührt ihn.

zu 2.

→ Durch eine Verschwörung: Mit zwölf Gleichgesinnten und der Unterstützung des französischen Botschafters will er Maria gewaltsam befreien.

→ Durch Verstellung gegenüber Elisabeth: Indem er Elisabeth gegenüber die Bereitschaft heuchelt, Maria in ihrem Auftrag ermorden zu wollen, gewinnt er Zeit, hat die alleinige Aufsicht über Maria und verhindert Attentate auf Maria.

→ Durch Intrige: Er verbündet sich mit Leicester, der zum engsten Vertrautenkreis Elisabeths gehört, aber auch auf der Seite Marias steht.

ZU 3.

→ Mortimer ist zu schwärmerisch und fanatisch.
→ Die Mitverschwörer schlagen zu früh und unüberlegt los.
→ Leicester ist ein unzuverlässiger, feiger und egoistischer Verbündeter.
→ Mortimer vermischt zu sehr die persönlichen mit den politischen Gründen; dadurch verliert er die Realität aus den Augen.

Aufgabe 4 **

Am Ende des Stücks flieht Leicester nach Frankreich. Verfassen Sie einen fiktiven „Asylantrag" Leicesters, in dem er seine Gründe für einen Aufenthalt in Frankreich darlegt.

Mögliche Lösung in knapper Fassung:

POLITISCHE GRÜNDE

→ Er war an der Verschwörung zur Befreiung Marias beteiligt: Marias Brief an ihn wurde gefunden; er wusste von den Befreiungsplänen Mortimers.
→ Er hatte versucht, den Vollzug des Todesurteils gegen Maria auszusetzen, indem er Elisabeth von der Ungefährlichkeit Marias überzeugen und sie zur Aussetzung des Todesurteils bewegen wollte.
→ Er war für das Zustandekommen der Begegnung zwischen Maria und Elisabeth verantwortlich: Durch die persönliche Begegnung der beiden Königinnen hatte er sich eine Begnadigung Marias durch Elisabeth erhofft.
→ Leicester muss einen Prozess wegen Hochverrats und ein Todesurteil befürchten: Burleigh sammelt Indizien und Beweise

gegen ihn, um ihm Elisabeths Gunst zu entziehen und ihn zu stürzen.

- → Er kann den Gegnern Elisabeths wertvolle Insiderinformationen liefern: Durch seine langjährige Vertrauensstellung am englischen Hof hat Leicester Einblick in Elisabeths Politik bekommen, was ihren Gegnern für einen Umsturz eine wertvolle Hilfe sein kann.

PERSÖNLICHE GRÜNDE

- → Liebe zu Maria: Leicester hat seine alte Liebe zu Maria wiederentdeckt und will Elisabeth dafür fallen lassen.
- → Enttäuschung über Elisabeths Beziehung zu ihm: Leicester fühlt sich durch Elisabeth nur ausgenutzt und instrumentalisiert.
- → Angst vor dem Verlust seiner politischen Stellung und dem Absinken in Bedeutungslosigkeit: Sollte Elisabeth ihn fallen lassen, würde Leicester seine Position als Favorit der Königin verlieren und (zumindest) vom englischen Hof verbannt werden.

LITERATUR

Zitierte Ausgaben:

Schiller, Friedrich von: *Maria Stuart. Ein Trauerspiel.* Husum/Nordsee: Hamburger Lesehefte Verlag 2011 (Hamburger Leseheft Nr. 12, Heftbearbeitung F. Bruckner und K. Sternelle)

Schiller, Friedrich: *Maria Stuart. Ein Trauerspiel.* Mit Anmerkungen von Christian Grawe. Stuttgart: Reclam, 2001 (Reclams Universal-Bibliothek Nr. 64).

Arbeitsmaterial für Schüler:

Geist, Alexander: *Friedrich Schiller: Maria Stuart. Inhalt, Hintergrund, Interpretation.* München: Mentor, 2010.

Grawe, Christian: *Friedrich Schiller: Maria Stuart. Erläuterungen und Dokumente.* Stuttgart: Reclam, 2011.

Leipert, Reinhard: *Friedrich Schiller: Maria Stuart.* München u. a.: Oldenbourg, 1991.

Pelster, Theodor: *Friedrich Schiller: Maria Stuart.* Stuttgart: Reclam, 2010.

Pfister, Wolfgang: *Erläuterungen zu Friedrich Schiller: Maria Stuart.* Hollfeld: C. Bange, 2007.

Popp, Hansjürgen: *Lektürehilfen Friedrich Schiller: Maria Stuart.* Stuttgart: Klett, 2004.

Rinnert, Andrea: *Friedrich Schiller: Maria Stuart.* Freising: Stark, 2010.

Sekundärliteratur:

Alt, Peter-André: *Schiller: Leben – Werk – Zeit. Eine Biografie. Band 2.* München: C. H. Beck, 2000.

Braak, Ivo/Neubauer, Martin: *Poetik in Stichworten. Literaturwissenschaftliche Grundbegriffe. Eine Einführung.* Stuttgart: Bornträger, 2001.

Gombert, Sarah-Lena: *Zwei starke Frauen, zu viele Männer.* In: *Trierischer Volksfreund*, 10.10.2011.

Graham, Ilse: *Schiller's Drama. Talent and Integrity.* London, 1974.

Guthke, Karl S.: *Schillers Dramen. Idealismus und Skepsis.* Tübingen: Stauffenberg, 2005.

Höpfl, Heinz: *Kleine Geschichte Englands.* Gütersloh: Signum, o. J.

Lamport, Francis John: *Krise und Legitimationsanspruch. „Maria Stuart" als Geschichtstragödie.* In: *Zeitschrift für deutsche Philologie 109*, 1990, Sonderheft, S. 134–145.

Lin, Jean-Claude (Hrsg.): *Kraftwerk Schiller. Was der Dichter uns heute zu sagen hat.* Stuttgart: Freies Geistesleben, 2009.

Neubauer, Martin: *Schiller: Wilhelm Tell.* Stuttgart: Reclam, 2004.

Nordmann, Beate: *Erläuterungen zu Friedrich Schiller: Wilhelm Tell.* Hollfeld: C. Bange, 2008.

Piedmont, Ferdinand (Hrsg.): *Schiller spielen. Stimmen der Theater-Kritik 1946–1985. Eine Dokumentation.* Darmstadt: Wissenschaftliche Buchgesellschaft, 1990.

Rischbieter, Henning: *Friedrich Schiller. Band 2: Vom „Wallenstein" bis zum „Wilhelm Tell".* Velber: Friedrich, 1975.

Sautermeister, Gerd: *Maria Stuart.* In: Walter Jens (Hrsg.): *Kindlers Neues Literatur Lexikon (Studienausgabe)*, Band 14. München: Kindler, 1988, S. 935 ff.

Sautermeister, Gerd: *Maria Stuart. Ästhetik, Seelenkunde, historisch-gesellschaftlicher Ort.* In: Walter Hinderer (Hrsg.): *Interpretationen. Schillers Dramen.* Stuttgart: Reclam, 1992, S. 280–335.

Weber, Maxie: *Es wird immer Verlierer geben.* In: *Luxemburger Tageblatt*, 15.10.2011.
Wiese, Benno von: *Schiller.* Stuttgart: Metzler, 1959.

Materialien im Internet:
Stand Dezember 2011
http://www.teachsam.de

Verfilmungen:
Maria Stuart. Deutschland 1927.
Regie: Leopold Jessner.
Maria von Schottland. USA 1936.
Regie: John Ford.
Das Herz der Königin. Deutschland 1940.
Regie: Carl Froehlich.
Maria Stuart. Fernsehfilm BRD 1956.
Regie: Leopold Lindtberg.
Maria Stuart. Verfilmung der Festaufführung des Wiener Burgtheaters. Österreich 1959.
Regie: Alfred Stöger.
Maria Stuart. Fernsehfilm BRD 1963.
Regie: Hans Lietzau.
Maria Stuart, Königin von Schottland. GB 1971.
Regie: Charles Jarrot.
Maria Stuart. Fernsehfilm BRD 1985.
Regie: Heinz Schirk.
Maria Stuart. Fernsehverfilmung der Donizetti-Oper. BRD 1988.
Regie: P. Weigl.
Maria Stuart – Blut, Terror und Gewalt. GB 2004.
Regie: Gillies Kinnon.

Maria Stuart. Fernsehfilm BRD 2008.
Regie: Hans Lietzau.
Maria Stuart. Bühnenverfilmung der Aufführung des Thalia-Theaters. Hamburg. BRD 2008.
Regie: Stephan Kimmig.

Musikalische Bearbeitungen:

Maria Stuart. Oper.
Musik: Gaetano Donizetti. Libretto: Guiseppe Bardari.
Uraufführung: Mailand 1835.
Maria Stuart, Königin der Schotten. Musical.
Musik: Thomas Blaeschke. Libretto: Kerstin Tölle.
Uraufführung: Bremen 2008.

STICHWORTVERZEICHNIS